30 Jahre Puhdys: Alt wie ein Baum.

Titelbild: Die Puhdys fotografiert von
Volker Ettelt (oben), Amiga (Mitte) und Andrea Vabry (unten)

Uwe Beyer

30 JAHRE PUHDYS:
ALT WIE EIN BAUM.

Die vollständige Puhdys-Diskografie
Alle Platten, LPs, CDs
aus 30 Jahren Bandgeschichte.

Schwarzkopf & Schwarzkopf Verlag

INHALT

VORWORT

Als erstes möchte ich mich bei all denen bedanken, die zum Gelingen dieses Buches beigetragen haben. Es mußten etliche Zeitungen besorgt werden, Archive durchforstet und auf vielen Platten- und Trödlermärkten nach Original-Covern gesucht werden. Ich bedanke mich insbesondere bei meiner Frau Carmen für das Verständnis und die Schreibarbeit. Danke vor allem auch an Ingo Friedrich und Christian Jelitzki für Informationen, Recherchen und an alle, die – wie auch immer – etwas zum Entstehen und Erfolg dieses Buches beigesteuert haben.

Mit dieser Diskographie liegt erstmals eine Gesamtübersicht aller Titel, Singles, LP's, CD's und Soloproduktionen der Puhdys vor. Sie beinhaltet alle Titel vom Beginn der Karriere bis einschließlich 1999.

Erfaßt wurden alle Singles, LP's, CD's sowie Sampler, auf denen die Puhdys vertreten sind. Es wurden auch die Titel berücksichtigt, bei denen unterschiedliche Versionen vorliegen. Bei den Längenangaben der Titel wurden ausschließlich die Zeitangaben der jeweiligen Coverabdrucke verwendet. Auf unterschiedliche Längen wird hingewiesen. Erfaßt sind auch CD's, die bisher nur als Schwarzpressungen vorliegen. Soloproduktionen und Alben einzelner Bandmitglieder wurden in die Diskographie eingearbeitet. In der Titelübersicht wird jeweils ein Tonträger genannt, auf dem der jeweilige Titel zu finden ist. Hierbei wurde der CD der Vorrang gegeben. Ist der jeweilige Titel auf keiner CD zu finden, so ist die entsprechende Vinyl angegeben. Die genannten Jahreszahlen beziehen sich ausschließlich auf das Erscheinungsjahr. Das Produktionsjahr fand keine Berücksichtigung.

Berlin, im Januar 1999 *Uwe Beyer*

DIE PUHDYS

STATIONEN IHRER KARRIERE UND CHRONOLOGIE IHRER MUSIK

1965

- Aus den Anfangsbuchstaben der Bandmitglieder entstehen die Ur-Puhdys
- P – Peter Meyer
  U – Udo Jacob
  H – Harry Jeske
  D – Dieter Hertrampf
  YS – (wird als eine zur damaligen Zeit gängige Endung angehängt)
  Kurze Zeit später kommt Dieter Birr zur Band.

1969

- Am 19.11. geben die Puhdys als neuformierte Band in Freiberg (Sachsen) im »Tivoli« ihr erstes Konzert. Für Udo Jacob spielt Gunter Wosylus. Im Repertoire befinden sich ausschließlich internationale Hits von Sweet, Deep Purple, Uriah Heep u.a.

1971

- Am 05.05. taucht der Name Puhdys zum ersten Mal in der Zeitung »Junge Welt« auf. Ein Leser berichtet auf der Postseite begeistert von einem Konzert der Puhdys in Magdeburg.
- 154 Zuschriften aus Gardeleben waren der Auslöser für den ersten Fernsehauftritt in der Jugendsendung »Basar«. Dazu mußten die Puhdys aber einen deutschsprachigen Titel haben. Als erster deutschsprachiger Titel entstand daraufhin »Türen öffnen sich zur Stadt« – extra für diese Sendung.

1972

- Die Puhdys gewinnen zum ersten Mal den Interpretenpreis des Jugendmagazins »Neues Leben« mit 12.749 Stimmen.
- Am 27.01. erreichen die Puhdys sowohl in der Hitparade »Beatkiste«, als auch in der zeitgleich laufenden »Tip Parade« mit »Geh dem Wind nicht aus dem Wege« jeweils Platz 1.
- Die Puhdys starten zu ihrer ersten Auslandstournee in die Sowjetunion.

1973

- In der LP-Serie »hallo« erscheint die Nr. 9, auf der ausschließlich Live-Aufnahmen – unter anderem der Titel »Zeiten und Weiten« in einer Version von 1972 – zu hören sind. Dies ist die erste Live-Aufnahme der Puhdys auf einem Tonträger.
- Am 23.08. plaziert sich »Vineta« auf Platz 1 und »Hören und sehen« auf Platz 2 der »Beatkiste«.
- Bei den X. Weltfestspielen spielen die Puhdys auf dem Alexanderplatz vor über 100.000 Zuschauern.
- Durch die Mitwirkung in dem DEFA-Film »Die Legende von Paul und Paula«, zu dem die Puhdys auch Musik beitragen, werden ihnen die Titel »Geh zu ihr« und »Wenn ein Mensch lebt« auf den Leib geschrieben. Dies ist der erste Soundtrack einer Rockband für einen Film in der DDR. Der Film und die Musik genießen noch heute Kultstatus.
- Der Spitzenparadensieger der »Jungen Welt« wird »Hören und sehen« von den Puhdys – vor der Klaus Renft Combo mit »Ketten werden knapper«.
- Am 05.11. gewinnen die Puhdys zum zweiten Mal mit 20.576 Stimmen vor der Klaus Renft Combo mit 12.710 Stimmen den Interpretenpreis vom »Neuen Leben«.
- »Vorn ist das Licht« erscheint als erster Titel auf einer AMIGA-Single. Noch im gleichen Jahr erscheinen die Singles »Geh zu ihr«/«Zeiten und Weiten«, »Hell Raiser«/«Highway Star«, »Ikarus«/«Sommernacht« sowie »Unser Lieder ist euer Schrei«.
- Erstes Gastspiel in der CSSR.

1974

- Im Februar erscheint die erste LP »Die Puhdys« bei AMIGA.
- Beim 2. Interpretenwettbewerb für Unterhaltungskunst erreichen die Puhdys einen 1. Preis und damit die Goldmedaille.
- Mit 6.053 Stimmen gelangen die Puhdys in der Beatparade der Zeitschrift »NBI« auf Platz 1 – das sind 58,02 % aller Einsendungen.
- Die Puhdys gastieren in Rumänien, Polen und Belgien.
- Die sechste und siebente Single »Wie ein Pfeil«/«Lied für Generationen« und »Spiel zu zweit«/«Die Sonne kennt ihren Weg« erscheinen bei AMIGA.
- Zum dritten Mal in Reihenfolge gewinnen die Puhdys den Interpretenpreis des Jugendmagazins »Neues Leben«.

1975
- Im Februar erscheint die zweite LP unter dem Titel »Puhdys« bei AMIGA.
- Als Vorbote der dritten LP erscheint die achte Single mit »Sturmvogel«/ »Einsamkeit«.
- Für den internationalen Markt veröffentlicht AMIGA eine Promo-Single mit den Titeln »Stones«/«Songs For Generations«. Dabei handelt es sich um englische Versionen der Titel »Steine« und »Lied für Generationen«.
- Mit 29.617 Stimmen gewinnen die Puhdys zum vierten Mal in Reihenfolge den Interpretenpreis des Jugendmagazins »Neuen Leben«.
- Gastspiele führen die Puhdys nach Polen, Jugoslawien, Bulgarien, CSSR und Holland.

1976
- Die dritte LP erscheint unter dem Titel »Sturmvogel« bei AMIGA.
- In der Beatparade der Zeitschrift »NBI« belegen die Puhdys mit 6.901 Stimmen Platz 2 hinter der Gruppe Kreis mit 9.114 Stimmen.
- Als Vorbote auf die vierte LP erscheint die zehnte Single mit internationaler Rock'n'Roll-Musik bei AMIGA.
- Als elfte Single erscheint »Alt wie ein Baum«/Erinnerung« bei AMIGA.
- Die Puhdys erhalten beim 3. Interpretenwettbewerb der Unterhaltungskunst ihre zweite Goldmedaille.
- Beim Fest der Jugend in Dortmund treten die Puhdys das erste Mal in der BRD auf. Weiterhin gastieren sie in diesem Jahr in der Sowjetunion, Finnland, Österreich, Westberlin, Holland und der CSSR.
- Zum fünften Mal in Reihenfolge gewinnen die Puhdys den Interpretenpreis des Jgendmagazins »Neues Leben«.
- Im Dezember stellen die Puhdys in der Jahresauswertung aller Rundfunkhitparaden »Top 50« durch die Belegung des Platz 1 mit »Lebenszeit« den Hit des Jahres.

1977
- Die vierte LP erscheint unter dem Titel »Rock'n'Roll Musik« bei AMIGA.
- In der BRD werden bei Hansa die Puhdys-LPs »Puhdys 1«, »Rock'n'Roll Musik« als Puhdys 2 und »Puhdys 3« veröffentlicht. Die »Puhdys 3« enthält erstmals den Single-Titel »Wie ein Pfeil« in einer neuen Version.
- Bei AMIGA erscheint als Vorab-Single zum neuen Album »Perlenfischer/«Wenn Träume sterben«.
- Bei Hansa BRD werden die drei Singles »Alt wie ein Baum«/«Perlenfischer«, »Geh zu ihr«/«Lied für Generationen« und »Long Tall Sally/

Party/Rock'nRoll Musik«/«Bye Bye Love« veröffentlicht.

- Das Fernsehen produziert und sendet die erste eigene Fernsehshow der Puhdys unter dem Namen »Puhdys – Made in GDR«.
- Gemeinsam mit dem Texter Wolfgang Tilgner erhalten die Puhdys den Kunstpreis der DDR.
- Von AMIGA wird eine LP unter dem Titel »Puhdys – Die großen Erfolge« veröffentlicht. Nur diese LP enthält die erfolgreichen Hits »Alt wie ein Baum« und »Erinnerung«.
- Vom 04.02. bis 04.03. treten die Puhdys zu ihrer ersten BRD-Tour von Braunschweig über Hamburg bis München an. Weiterhin gastieren sie in der Sowjetunion, in Luxemburg, Polen, der CSSR und Bulgarien.
- In der Jahreswertung aller Rundfunkhitparaden »Top 50« belegen die Puhdys mit »Erinnerung« den Platz 1 und stellen somit den Hit des Jahres 1977. Gleichzeitig belegen sie mit »Alt wie ein Baum« Platz 3, »Wenn Träume Sterben« Platz 4 und »Perlenfischer« Platz 9 der Jahreswertung.
- Mit 25.815 Stimmen gewinnen die Puhdys zum sechsten Mal in Reihenfolge den Interpretenpreis des Jugendmagazins »Neues Leben« vor der Gruppe Kreis mit 14.911 Stimmen und Wolfgang Ziegler & Wir mit 7.863 Stimmen.
- Als 13. Single erscheint »Wilde Jahre«/«Die Sterne verspäten sich nie« bei AMIGA.
- In der UdSSR wird die erste Puhdys-LP unter dem Namen »Puhdys – Vokal- und Instrumental-Ensemble GDR« veröffentlicht. Dabei werden alle Titel für Melodia neu eingespielt.

1978

- Das neue Album unter dem Namen »Perlenfischer« erscheint bei AMIGA.
- In der BRD erscheinen bei Hansa die LPs »Puhdys 4 – Zehn wilde Jahre« und »Puhdys 5«.
- Als Auskopplung für den BRD-Markt wird die Single »Wilde Jahre«/ »Perlenfischer« bei Hansa veröffentlicht.
- Als 14. Single erscheint bei AMIGA »Ikarus II«/»Flieg Vogel flieg«
- Die Puhdys gastieren außer in der BRD im dreizehnten Land in ihrer Karriere – dazu gehörten Bulgarien, Belgien, CSSR, Österreich, Niederlande, UdSSR, Polen, Ungarn, Jugoslawien, Rumänien, Luxemburg, Finnland, Kuba.
- In München wird am 07. und 08.11. für die TV-Sendung »Rock Pop« ein Puhdys-Konzert aufgenommen, welches am 18.11. ausgestrahlt wird.
- Mit 5.111 Stimmen belegen die Puhdys in der Beatparade der Zeitschrift »NBI« den Platz 1 vor City mit 2.432 Stimmen.
- Als 15. Single erscheint bei AMIGA »Doch die Gitter schweigen«/ »Hö-

ren und Sehen«. »Doch die Gitter schweigen« ist die Titelmusik zu einem Film der Reihe »Polizeiruf 110« mit dem Untertitel »Die letzte Chance«.
- Mit 24.768 Stimmen gewinnen die Puhdys zum siebenten Mal in Reihenfolge den Interpretenpreis des Jugendmagazins »Neues Leben« vor City mit 24.589 Stimmen und Karat mit 15.480 Stimmen.

1979
- Vom 14. bis 16. 01. finden im legendären alten Friedrichstadtpalast die Jubiläumskonzerte der Puhdys zum zehnjährigen Bestehen statt. (»Legendäre« Friedrichstadtpalast deshalb, weil er danach abgerissen wurde.) Die Konzerte werden von Fernsehen und von AMIGA für das erste Live-Doppelalbum der DDR aufgezeichnet.
- Die LP »Zehn wilde Jahre« erscheint bei AMIGA.
- Im Verlag »Lied der Zeit« erscheint das erste Puhdys-Buch unter dem Titel »Lebenszeit«.
- Vom Fernsehfunk erhalten die Puhdys die Auszeichnung »Goldener Lorbeer«.
- Bei AMIGA erscheint das erste Live-Doppelalbum unter dem Titel »Puhdys Live«.
- Von Hansa (BRD) und Supraphon (CSSR) erfolgt die Übernahme des Live-Doppelalbums.
- Die 16. Puhdys-Single bei AMIGA erscheint mit »Kein Paradies«/«Wiedersehn«.
- In der BRD erscheinen bei Hansa die Singles »Gitter schweigen«/«Ikarus II« und »Kein Paradies«/«Wiedersehn«.
- Mit »Doch die Gitter schweigen« belegen die Puhdys Platz 1 der Jahresauswertung aller Rundfunkhitparaden »Top 50« und stellen damit den Hit des Jahres 1979.
- Der erste Musikerwechsel seit der Neuformierung 1969 vollzieht sich. Für Gunter Wosylus kommt am Schlagzeug Klaus Scharfschwerdt von der Gruppe Prinzip.

1980
- Zeitgleich erscheint bei AMIGA (DDR) und Hansa (BRD) die LP »Heißer Schnee«.
- Mit 2.920 Stimmen belegen die Puhdys erneut Platz 1 in der Beatparade der Zeitschrift »NBI«.
- Bei Hansa (BRD) erscheint die englischsprachige LP »Far From Home«.
- Mit 18.939 Stimmen werden die Puhdys auf Platz 2 beim Interpretenpreis des Jugendmagazins »Neues Leben« nach Karat mit 21.498 Stimmen gewählt.

- Bei AMIGA erscheint die 17. Puhdys-Single mit den Titeln »Bis ans Ende der Welt«/« Nie wieder werde ich weinen um dich«.
- Bei Hansa (BRD) werden die Singles »Heiß wie Schnee«/«Melanie« und »Bis ans Ende der Welt«/«Lied für Anja« veröffentlicht.

1981

- Als erste DDR-Band spielen die Puhdys vor über 20.000 Besuchern in der Westberliner Waldbühne.
- Die Puhdys starten zu einer Promotion-Tour in den USA.
- Die LP »Far From Home« erscheint auch bei AMIGA.
- Bei Hansa (BRD) erscheint die LP »Schattenreiter« als Puhdys 9.
- AMIGA veröffentlicht die 18. AMIGA-Single der Puhdys mit den Titeln »He John«/«Was vom Leben bleibt«.
- Mit »He John« belegen die Puhdys den Platz 1 der Jahreswertung aller Rundfunkhitparaden »Top 50« und stellen damit den Hit des Jahres 1981. Weiterhin plaziert sich auf Platz 3 »Was vom Leben bleibt« und auf Platz 4 »Fern von zuhaus«. In der Gruppenwertung gehen die Puhdys ebenfalls als Sieger hervor – gefolgt von Karat und Karussell.
- Die Puhdys-Single Nr. 19 erscheint bei AMIGA mit den Titeln »Der Außenseiter«/«An den Ufern der Nacht«.
- Bei Hansa (BRD) erscheinen die Singles »He John«/«Fern von zuhaus« sowie »Schattenreiter«/«Wenn ein Mensch lebt«.

1982

- AMIGA veröffentlicht die bereits im Vorjahr bei Hansa erschienene LP »Schattenreiter« als 10. Puhdys-LP. Auch die Covergestaltung wird übernommen.
- Die Puhdys erhalten den Nationalpreis der DDR 2. Klasse für Kunst und Kultur.
- Die zweite veränderte Auflage des Buches »Lebenszeit« erscheint im Verlag »Lied der Zeit«.
- Erneut spielen die Puhdys in der ausverkauften Westberliner Waldbühne.
- In den »Top 50« der Jahresauswertung aller Rundfunkhitparaden belegen die Puhdys mit »Der Außenseiter« Platz 1 und stellen somit erneut den Hit des Jahres. Unter den ersten 10 Plätzen sind weiterhin »Schattenreiter« und »Jahreszeiten« plaziert. Zum zweiten Mal hintereinander gewinnen die Puhdys auch die Gruppenwertung vor Stern Meissen und Karat.
- Kurz vor Jahresende erscheint als Vorbote für die neue LP die 20. Puhdys-Single bei AMIGA mit den Titeln »Jahreszeiten«/«TV-Show«.
- Von Hansa (BRD) werden »Hisohima« und »Computerträume« als Single vom kommenden Album ausgekoppelt.

1983

- Vom Verlag »Lied der Zeit« wird das Buch »Die Puhdys – Ein Bildband« veröffentlicht.
- Die umstrittene, aber meistverkaufte LP »Computer-Karriere« erscheint zeitgleich bei AMIGA (DDR) und Hansa (BRD).
- Beim Interpretenpreis des Jugendmagazins »Neues Leben« belegen die Puhdys mit 19.924 Stimmen den 2. Platz hinter Karat mit 22.303 Stimmen.
- Bei Hansa (BRD) erscheint die Single »Sehnsucht«/«Computer-Mann«.
- Zum dritten Mal in Reihenfolge spielen die Puhdys in der ausverkauften Westberliner Waldbühne.

1984

- Am 14.01. spielen die Puhdys bei »Rock für den Frieden« als Ersatzband für die Gruppe BAP vor 3.000 Fans im Palast der Republik. Das Konzert wird trotz der enttäuschten Fans ein Erfolg.
- Die 21. Puhdys-Single mit den Titeln »Das Buch«/«Rockerrente« erscheint bei AMIGA.
- In der Stadthalle in Karl-Marx-Stadt findet das Jubiläumskonzert zum 15jährigen Bestehen der Band statt. Das Fernsehen und AMIGA zeichnen das Konzert auf. Es folgen fünf weitere Jubiläumskonzerte.
- Bei AMIGA (DDR) und Hansa (BRD) erscheint zeitgleich die LP »Das Buch«.
- AMIGA veröffentlicht eine Präsentbox mit drei MCs zum 15jährigen Bestehen der Band.
- In der BRD erscheint bei Hansa die 13. Puhdys-Single mit den Titeln »Ich will nicht vergessen«/«Die Wärme der Nacht«.
- Das 2. Live-Album der Puhdys unter dem Titel »Live in Sachsen« erscheint zeitgleich bei AMIGA (DDR) und Pool/Teldec (BRD).
- In der Jahresauswertung aller Rundfunkhitparaden »Top 50« belegen die Puhdys mit »Rockerrente« Platz 1 und »Das Buch« Platz 2 als erfolgreichste Titel des Jahres 1984. In der Gruppenwertung belegen die Puhdys vor Karat und Stern Meissen erneut Platz 1.
- In der Rundfunksendung »Plattenstudio« wird die LP »Das Buch« zur LP des Jahres gewählt.

1985

- Im Eigenvertrieb erscheint von Michael Kramer das Buch »Puhdys – Ihre Erfolge – Ihre Karriere – Discographie«.
- Die 22. Puhdys-Single erscheint mit den Titeln »Wieviel Liebe«/ »Rock 'n' Roll ist mein Begleiter« bei AMIGA.

- Die Puhdys spielen vor 120.000 Besuchern bei einem Konzert in Lissabon (Portugal).
- Mit der Gruppe Omega (Ungarn) starten die Puhdys zu einer ausgedehnten DDR-Tournee. Es folgt eine Tournee durch Argentinien.
- Mit »Göttin der Liebe« veröffentlicht Dieter Hertrampf seinen ersten Solo-Titel auf dem AMIGA-Sampler »Feuerwerk«.

1986
- Bei AMIGA (DDR) und Hansa (BRD) erscheint die LP »Ohne Schminke«.
- Dieter »Maschine« Birr veröffentlicht bei AMIGA die Solo-LP »Intim«. Auf dieser LP wirkt Peter Meyer als Komponist mit.
- Harry Jeske veröffentlicht unter dem Namen »P.S.J. – Pop Studio Jeske« bei AMIGA eine EP mit vier Dance-Titeln.
- In der Jahresauswertung der Fernsehsendung »Stop! Rock« belegen die Puhdys mit »Ohne Schminke« den 1. Platz.

1987
- Dieter Hertrampf »Quaster« veröffentlicht bei AMIGA die Solo-LP »Liebe pur«. Bei dieser LP wirkt Klaus Scharfschwerdt mit.
- Bei Pool (BRD) erscheint die Solo-Single von Dieter Birr mit den Titeln »Eine frei erfundene Geschichte«/«Göttin der Liebe«.
- Die LP »Das Buch« wird als CD und damit erste CD der Puhdys überhaupt von Pool/Teldec (BRD) veröffentlicht.
- In der Single-Serie »Big Hits 1975 – 1985« erscheint bei Teldec (BRD) eine Single mit dem Titel »Hiroshima« von den Puhdys sowie »Am Fenster« von City.

1988
- Die Puhdys arbeiten an ihrem vorerst letzten Album, da sie planen nach ihrem 20jährigen Bestehen im Jahr 1989 sich von der Bühne zu verabschieden.

1989
- Das Album »Neue Helden« erscheint zeitgleich bei AMIGA (DDR) und Koch (BRD). Der Original-Cover fällt in der DDR der Zensur zum Opfer und darf wegen der Abbildung einer USA-Flagge nicht erscheinen. Gleichzeitig erscheint »Neue Helden« als CD.
- Die Firma Koch (BRD) koppelt aus dem Album »Neue Helden« die Single »Frei wie der Wind«/«Herbstwind« als insgesamt 39. Single der Puhdys aus.

- AMIGA veröffentlicht »Das Jubiläumsalbum«, auf dem die Puhdys internationale Titel covern und Puhdys-Hits von anderen Interpreten neu aufgenommen wurden.
- Die Puhdys beginnen am 1. Mai ihre »Good bye Tour« in Meißen, die auch in die CSSR, die Schweiz, nach Österreich, Belgien, Luxemburg und in die BRD führt.
- In Magdeburg findet das erste Puhdys-Fanklub-Treffen mit 10.000 Teilnehmern auch aus Paderborn (BRD) statt. Gleichzeitig treten die Lords (BRD) auf, die ihr 30jähriges Bestehen feiern.
- Vor 80.000 Besuchern beenden die Puhdys ihre »Good bye Tour« auf dem Berliner Bebelplatz.
- Der »Goethe-Preis 1989« als höchste Auszeichnung (Ost-)Berlins wird an die Puhdys verliehen.
- Die Puhdys erhalten den »Kunstpreis der FDJ« – die »Erich-Weinert-Medaille«.
- Nach 20 Jahren Rockmusik geben die Puhdys am 27.10. in der Berliner Gaststätte »Ahornblatt« ihren Abschied bekannt. Am 19.11. 1989 sind die Puhdys letztmalig gemeinsam im Fernsehen.
- Von AMIGA erhalten die Puhdys für ihre bisherigen Veröffentlichungen 15 goldene LPs. Weltweit wurden bis dato 14 Millionen Platten abgesetzt.
- Die Puhdys gewinnen mit 4.410 Stimmen vor Karussell und Rockhaus den Interpretenpreis des Jugendmagazins »Neues Leben«. Sie sind damit neunfache Preisträger (1972, 1973, 1974, 1975, 1976, 1977, 1978, 1981 und 1989).

1990

- Dieter Birr gründet die Band »Maschine & Männer«, zu denen auch Klaus Scharfschwerdt gehört. Im Mai gibt es die erste Live-Premiere in Prag.
- In den Studios entstehen von Maschine & Männer die Titel »Du braver Soldat« und »Ewig leben«.

1991

- Dieter Birr räumt in einem Interview in der Zeitschrift »FF Dabei« ein, daß es 1992 eine neue Puhdys-LP geben könnte.
- Am 08.12. spielen die Puhdys das erste Mal wieder vor 10.000 Besuchern in Schwenningen. Dabei wird vom Puhdys-Fanclub Paderborn ein Video gedreht.

1992

- Am 18.04. starten die Puhdys ihr offizielles Comeback in Berlin-Schönefeld, der sich eine Tour anschließt.
- Die LP/CD »Wie ein Engel« erscheint bei der DSB. Gleichzeitig wird die Maxi-CD »Wie ein Engel« veröffentlicht. Als weitere Auskopplung erscheint die Maxi-CD »Ich leb noch« als Promo-CD.
- Die Doppel-CD »Puhdys – Rock aus Deutschland Ost« mit einem Text von Olaf Leitner erscheint bei der DSB.
- Für den Sampler »Denk ich an Deutschland« spielen die Puhdys die Titel »Ich will nicht vergessen« und »Doch die Gitter schweigen« neu ein.

1993

- Zwei Best-of-CDs erscheinen. Eine bei der DSB »Das Beste aus 25 Jahren« sowie die »Castle Masters Collection« bei Castle.
- Originalalben der Puhdys wie die LPs »Die Puhdys (1)«, »Puhdys (2)«, »Sturmvogel«, »Rock'n'Roll Music«, »Perlenfischer«, »Zehn wilde Jahre« und »Das Buch« werden auf CD wiederveröffentlicht.
- Von Kristina Wolf erscheint im Selbstverlag das Buch »Wenn Träume sterben – Puhdys zwischen Vision und Realität«.

1994

- Die ersten »großen« Konzerte nach der deutschen Wiedervereinigung finden vom 27. bis 29.04. in Berlin-Neukölln in »Huxley's Neue Welt« statt. Alle Konzerte sind restlos ausverkauft.
- Bei Dakoda – dem Puhdys-eigenen Label – erscheint die CD »Zeiten ändern sich«.
- Als Auskopplung aus dem Album »Zeiten ändern sich« erscheinen die Maxi-CDs »Keine Ahnung« (in einer Demo-Version) sowie »Keine Meile tut mir leid« mit dem Bonus-Track »With A Little Help From My Friends«.
- Bei dem von der BMG Ariola geretteten AMIGA-Label erscheinen die CDs »Puhdys Live – 25 Jahre die totale Aktion« sowie »Puhdys – Raritäten«. Die bei der DSB veröffentlichte CD »Das Beste aus 25 Jahren« wird von AMIGA übernommen.
- Die Puhdys bestreiten ihre Tour zum 25jährigen Bestehen der Band.
- Die LPs »Heiß wie Schnee« und »Schattenreiter« werden von AMIGA auf CD wiederveröffentlicht.
- Das Buch »Eine Kultband aus dem Osten« wird vom »Elefanten Press Verlag« veröffentlicht.
- Harry Jeske veröffentlich die erste Kinder-CD unter dem Titel »Haiko der Haifisch«, zu der er Musik und Texte schrieb.

1995

- Das erste offizielle VHS-Video »Die Puhdys kommen« erscheint bei AMIGA.
- Auf Maxi-CD erscheint die neue Hymne des FC Hansa Rostock »FC Hansa wir lieben dich total« – komponiert und eingespielt von den Puhdys.
- Im Rostocker Ostsee-Stadion spielen die Puhdys als Vorband für Rod Stewart und werden mehr gefeiert als der Stargast.
- Die LP »Computer-Karriere« wird als CD bei AMIGA wiederveröffentlicht.
- Die neue Maxi-CD »Ewig leben« – Ein Titel von »Maschine & Männer« – erscheint als neueingespielte Puhdys-Produktion in mehreren Versionen.
- In einer Sonderedition zwischen AMIGA und Berliner Pilsner erscheint die CD »Was gut ist setzt sich durch«, welche nur bei Konzerten verkauft wird.
- In einer weiteren limitierten Auflage erscheint in Kooperation zwischen AMIGA und Minol die CD »Die Hit-Singles«, ausschließlich im Vertrieb von Minol-Tankstellen.
- Die »Berliner Pilsner« vertreiben eine MC mit Werbespots der Puhdys.
- Die Puhdys-Hit-Sampler »Bis ans Ende der Welt« (Ariola Express) und »Das Beste aus 25 Jahren, Volume 2« (AMIGA) werden als CDs veröffentlicht.
- Von AMIGA wird eine Maxi-CD mit fünf Dance-Floor-Versionen des Hits »Alt wie ein Baum« veröffentlicht.

1996

- Die Puhdys-Sampler »Pur« (Ariola Express), »Die schönsten Balladen« (AMIGA) und »Golden Stars« (exclusiv im »Bertelsmann Club«) werden als CDs veröffentlicht.
- Die Live-CD »Inflagranti« erscheint. Erstmalig auf einem Tonträger erscheinen damit die Titel »Kühle Lady« und »Nirvana«. Gleiche CD erscheint auch ohne Cover als Promo-CD mit entsprechendem Aufdruck.
- Am 16.05. nehmen die Puhdys am »Rockpalast« in der Berliner Waldbühne teil und werden an diesem Abend von 20.000 Fans gefeiert.
- Nach der Wende haben die Puhdys bis dato bereits wieder über 300.000 Alben verkauft.
- Bei Dakoda erscheint eine Promo-Single-CD mit der '96er Version des Titels »Sehnsucht«.

1997

- Die neue CD »Frei wie die Geier« wird bei Dakoda veröffentlicht.
- Harry Jeske veröffentlicht die 2. Kinder-CD unter dem Titel »Haiko der Haifisch – ein neues Abenteuer«, zu dem er wieder die Musik und den Text schrieb.
- Als Auskopplung aus der CD »Frei wie die Geier« erscheint die Maxi-CD »Steh auf und lauf« als Promo-CD.
- Die neue Hymne der EHC Eisbären Berlin »Hey wir woll'n die Eisbären sehn« wird mit verschiedenen Covern als Maxi-CD veröffentlicht.
- Für Harry Jeske (bass) kommt nach 29 Jahren Zugehörigkeit Peter »Bimbo« Rasym, der zuvor bei Stern Meissen und Falkenberg spielte.

1998

- Das erste Solo-Album von Harry Jeske »... und Tschüß« sowie ein Buch des Ullstein-Verlages »Mein wildes Leben und die Puhdys« erscheinen.
- Dieter Birr, Dieter Hertrampf und Peter Meyer wirken in einem neuen ARD-Spielfilm mit Mario Adorf unter dem Titel »Comeback – My Way« mit.
- Zum Jahresende erscheint der erste »große« Puhdys-Kalender.

1999

- Als Vorbote auf das neue »Best of«-Album erscheint bei AMIGA eine neue Maxi-CD.
- Bei AMIGA erscheint im März das Album »Puhdys – Die Hits 1969 – 1999« mit alten Hits in neuen Versionen und bekannten Hits.
- Die Puhdys arbeiten im Studio an neuen Titeln für ein Album, welches im Oktober bei AMIGA veröffentlicht wird.
- Am 19. Juni findet in der Berliner Waldbühne das Jubiläumskonzert zum 30jährigen Bestehen der Band statt, dem sich eine Jubiläumstour durch ganz Deutschland anschließt.

SINGLES

AMIGA – DDR

1.
A Vorn ist das Licht
(Meyer – Tilgner)
3:32
B (Das kommt weil deine Seele brennt
- Electra)
AMIGA 455 916 – 1973

2.
A Geh zu ihr
(Gotthardt – Plenzdorf)
2:42
B Zeiten und Weiten
(Wosylus – Tilgner)
4:00
AMIGA 455 910 – 1973

3.
A Hell Raiser
(Chinn – Chapman)
3:18
B Highway Star
(Deep Purple)
4:11
AMIGA 455 964 – 1973

4.
A Unser Lied ist euer Schrei
(Birr – Kühne)
3:29
B (Ich singe den Frieden – Oktoberklub)
AMIGA 445 048 – 1973

5.
A Ikarus
(Birr – Tilgner)
4:46
B Sommernacht
(Hertrampf/Birr – Tilgner)
3:29
AMIGA 455 972 – 1973

6.
A Wie ein Pfeil
(Wosylus – Lasch)
3:40
B Lied für Generationen
(Jeske – Tilgner)
4:10
AMIGA 456 049 – 1974

7.
A Die Sonne kennt ihren Weg
(Birr/Meyer – Tilgner)
3:30
B Spiel zu zweit
(Hertrampf – Tilgner)
3:50
AMIGA 456 072 – 1974

8.
A Sturmvogel
(Puhdys – Lasch)
4:35
B Einsamkeit
(Puhdys – Tilgner)
4:28
AMIGA 456 172 – 1975 3

9.
A Stones
(Birr – Tilgner/engl.)
4:23
B Song For Generations
(Jeske – Tilgner/engl.)
4:07
AMIGA-Promo-Single 595056 – 1975

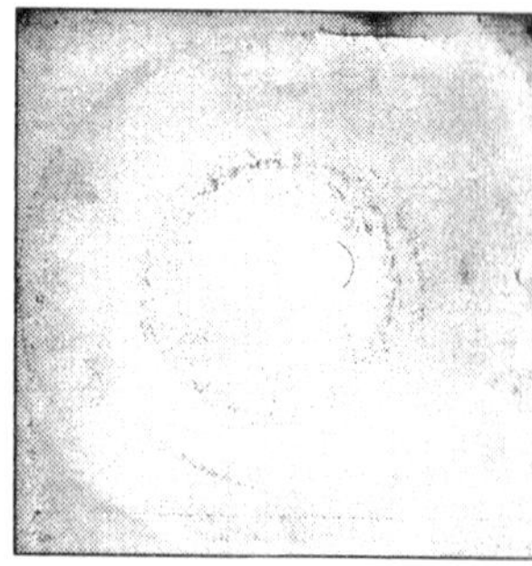

10.
A Long Tall Sally/
Party / Rock And Roll Music
(Johnson/Penniman –
Blackwell/Robinson/Berry) 4:43
B Bye Bye Love
(Bryant – Bryant) 2:22
AMIGA 456 220 – 1976

11.
A Alt wie ein Baum
(Puhdys – Lasch)
2:45
B Erinnerung
(Puhdys – Tilgner/Puhdys)
3:25
AMIGA 456 224 – 1976

12.
A Wenn Träume sterben
(Puhdys – Tilgner)
4:00
B Perlenfischer
(Puhdys – Tilgner)
4:40
AMIGA 456 269 – 1977 34

13.
A Wilde Jahre
(Puhdys – Lasch) 5:10
B Die Sterne verspäten sich nie*
(Puhdys – Tilgner) 7:25
AMIGA 456 300 – 1977
* Auf dem Singles-Cover heißt der Titel »Die Sterne verspäten sich nicht«

14.
A Ikarus II
(Puhdys – Lasch)
6:45
B Flieg, Vogel, flieg
(Puhdys – Lasch)
3:30
AMIGA 456 351 – 1978

15.
A Doch die Gitter schweigen
(Birr – Tilgner)
2:35
B Hören und Sehen
(Puhdys – Lasch)
4:40
AMIGA 456 364 – 1978

16.
A Kein Paradies
(Puhdys – Lasch)
2:00
B Wiedersehn
(Puhdys – Lasch)
3:14
AMIGA 456 391 – 1979

17.
A Heiß wie Schnee
(Puhdys – Tilgner)
3:45
B Melanie
(Puhdys – Lasch)
4:25
AMIGA 456 425 – 1980

18.
A Bis an's Ende der Welt
(Puhdys – Lasch)
3:55
B Nie wieder werde ich weinen um dich
(Puhdys – Birr) 4:45
AMIGA 456 448 – 1980

19.
A He, John
(Birr/Meyer – Lasch)
4:10
B Was vom Leben bleibt
(Birr/Meyer – Tilgner)
3:55
AMIGA 456 475 – 1981

20.
A Der Außenseiter
(Birr/Meyer – Birr/Tilgner)
4:30
B An den Ufern der Nacht
(Birr/Meyer – Lasch)
3:10
AMIGA 456 485 – 1981

21.
A Jahreszeiten
(Birr/Meyer – Birr)
2:29
B TV-Show
(Birr/Meyer – Birr)
3:11
AMIGA 456 514 – 1982

22.
A Rockerrente
(Birr/Meyer – Birr) 3:50
B Das Buch
(Birr/Meyer – Birr) + FDJ-Chor der EOS »Immanuel Kant« Berlin
3:20
AMIGA 456 547 – 1984

23.
A Rock'n Roll ist mein Begleiter
(Birr/Meyer – Birr)
3:03
B Wieviel Liebe
(Birr/Meyer – Birr/Lasch)
5:26
AMIGA 456 583 – 1985

AMIGA

QUARTETT (EP)

1. Ute Freudenberg »Jugendliebe«
   Puhdys »Alt wie ein Baum«
   (Puhdys – Lasch) 2:45
   Neumis Rock Circus »Der Clown«
   Karussel »Wer die Rose ehrt«

AMIGA 556 018 – 1981

2. Karussell »Keiner will sterben«
   Puhdys »Hiro shima«
   (Morgan – dt. T.:Tilgner)
   4:06
   Karat »Der blaue Planet«
   Dialog »Eigentlich«

AMIGA 556 049 – 1983

3. **Leidenschaft** (Jeske) 3:30
   Dancin (Jeske) 3:29
   I Love You (Jeske) 2:33
   Ist denn alles vorbei (Jeske) 3:40
   P.S.J. – Pop Studio Jeske

AMIGA 556 117 – 1986

EP
INTERNATIONAL

1. **Zeiten und Weiten**
   (Wosylus – Tilgner) 2:40
   Manchmal im Schlaf
   (Birr – Tilgner)3:59
   Gentleman
   (Wosylus – Wosylus)
   2:41 **Türen öffnen sich zur Stadt**
   (Birr – Tilgner) 3:46

Melodia 33-000 34707-8 - 1979

SINGLES, BRD

1.
A Alt wie ein Baum
(Puhdys – Lasch)
2:43
B Perlenfischer
(Puhdys – Tilgner)
4:39
Hansa 11 405 – 1977

(gleiche Single erschien mit neutralem Cover auch als Promotionplatte)

2.
A Geh zu ihr
(Gotthardt – Plenzdorf)
2:42
B Lied für Generationen
(Jeske – Tilgner)
4:10
Hansa 17 598 – 1977

3.
A Long Tall Sally/Party/Rock & Roll Music
(Johnson/Penniman – Blackwell/Robinson/Berry) 4:43
B Bye Bye Love
(Bryant – Bryant) 2:22
Hansa 17 925 – 1977 4

4.
A Wilde Jahre
(Puhdys – Lasch) 5:09
B Perlenfischer
(Puhdys – Tilgner) 4:21

Hansa 100 042-000 – 1978
(Promotionplatte)

5.
A Gitter schweigen *
(Puhdys – Lasch) 4:48
B Ikarus II
(Puhdys – Lasch) 5:20
Hansa 100 339-100 – 1979
* Titel erschien im Original als »Doch die Gitter schweigen«

6.
A Kein Paradies
(Puhdys – Lasch)
2:00
B Wiedersehen
(Puhdys – Lasch)
3:14
Hansa 101 057-100 – 1979

7.
A Heiß wie Schnee
(Puhdys – Tilgner) 3:45
B Melanie
(Puhdys – Lasch) 4:25
Hansa 102 015-100 – 1980
(gleiche Single erschien mit neutralem Cover auch als Promotionplatte)

8.
A Bis an's Ende der Welt
(Puhdys – Lasch) 4:47
B Lied für Anja
(Puhdys – Lasch) 2:15
Rocktopus 102 355-100 – 1980

(Single erschien mit zwei verschiedenen Covers)

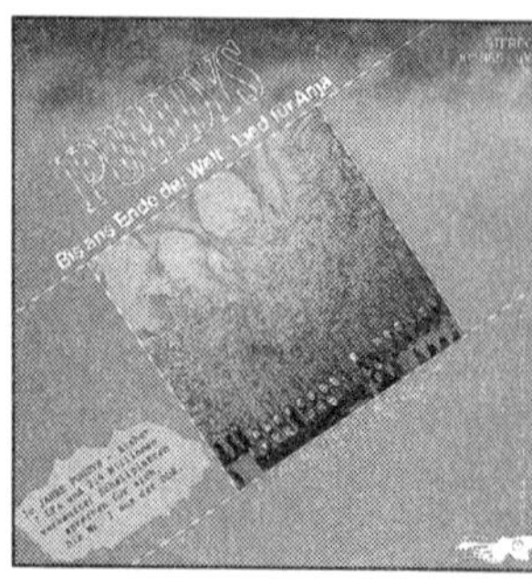

9.
A He John
(Puhdys – Lasch)
4:10
B Fern von Zuhaus'
(Puhdys – Lasch/Birr)
4:30
Rocktopus 103 179-100 – 1981

10.
A Schattenreiter
(Puhdys – Tilgner)
4:10
B Wenn ein Mensch lebt
(Gotthardt – Plenzdorf)
3:21
Hansa 103 859-100 – 1981

11.
A Hiroshima
(Morgan – dt. T.:Tilgner)
4:14
B Computerträume
(Birr/Meyer)
3:48
Pool 6.13545 – 1982

12.
A Sehnsucht
(Birr/Meyer/Scharfschwerdt – Birr)
3:35
B Computer-Mann
(Birr/Meyer – Lasch)
4:22
Pool 6.13747 – 1983

13.
A Ich will nicht vergessen
(Birr/Meyer – Lasch)
4:12
B Die Wärme der Nacht
(Hertrampf – Tilgner)
3:54
Pool 6.14195 – 1984

14.
A (Am Fenster – City)
B Hiroshima – Puhdys
(Morgan – dt. T.:Tilgner)
3:40
(gekürzte Fassung)
Big Hits 1975 – 1985, 1987
TELDEC 6.14924

15.
A Eine frei erfundene Geschichte
(Dieter Birr – Solo)
(Birr/Meyer – Birr) 4:05
B Göttin der Liebe
(Dieter Birr – Solo)
(Birr – Birr) 3:59
Pool 6.14769 – 1987

16.
A Frei wie der Wind
(Puhdys – Kowarski)
4:11
B Herbstwind
(Puhdys – Kowarski)
3:23
KOCH 145.606 – 1989

AMIGA – LP's – DDR

1. **DIE PUHDYS**

Seite A

Vorn ist das Licht
(Meyer – Tilgner) 3:32

Von der Liebe ein Lied
(Gotthardt – Tilgner) 4:08

Mann im Mond
(Birr – Tilgner) 2:55

Vineta
(Meyer – Tilgner) 5:47

Türen öffnen sich zur Stadt
(Birr – Tilgner), 5:20

Seite B

Sommernacht
(Hertrampf/Birr-Tilgner) 3:29

Ikarus
(Birr – Tilgner) 4:46

Geh zu ihr
(Gotthardt – Plenzdorf) 2:44

Wenn ein Mensch lebt
(Gotthardt – Plenzdorf) 3:25

Zeiten und Weiten
(Wosylus – Tilgner) 4:00

AMIGA 855 348 1974

2. **PUHDYS**

Seite A
Langstreckenlauf
(Birr – Tilgner) 4:25
Lied für Generationen
(Jeske – Tilgner) 4:10
Kinder
(Birr – Lasch) 3:35
Steine
(Birr – Tilgner) 4:27
Scheidung
(Birr – Tilgner) 3:15

Seite B
Jodelkuh Lotte
(Wosylus – Lasch) 4:14
Spiel zu zweit
(Hertrampf – Tilgner) 3:50
Sonntagsfahrer
(Birr – Tilgner) 3:17
Manchmal im Schlaf
(Birr – Tilgner) 4:25
Die Sonne kennt ihren Weg
(Birr/Meyer – Tilgner) 3:30

AMIGA 855 404 1975

Cover der LP
»Die Puhdys«
AMIGA 855 348
1974

Cover der ersten
eigenen Single
»Geh zu ihr«
AMIGA 455 910
1973

Cover der LP
»Puhdys«
AMIGA 855 404
1975

Cover der Single
»Ikarus«
AMIGA 455 972
1973

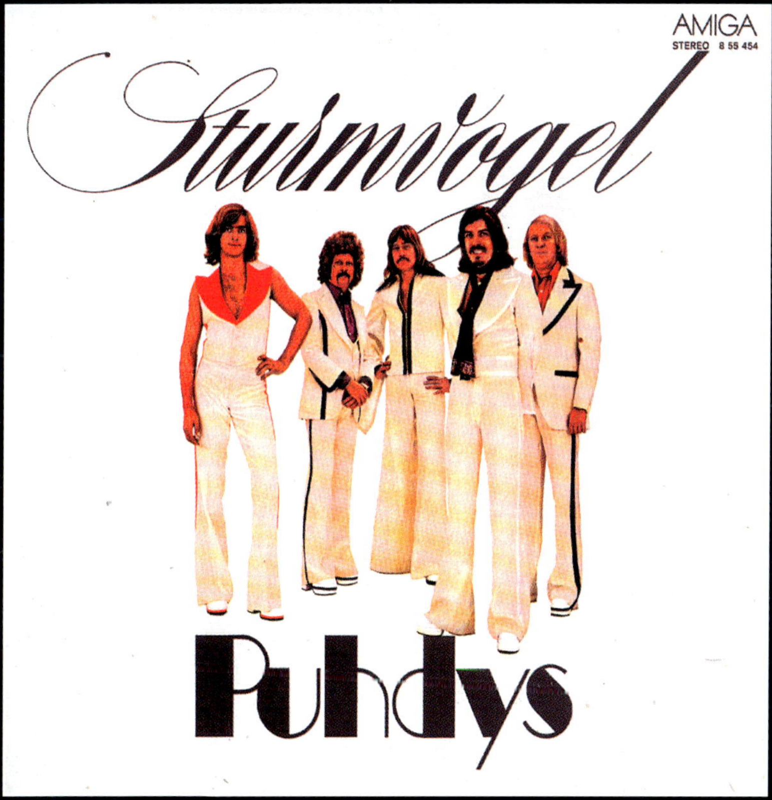

Cover der LP Puhdys »Sturmvogel« AMIGA 855 454 1976

Cover der Single »Sturmvogel« AMIGA 456 172 1975

Cover der LP Puhdys
»Rock'n'Roll Music«
AMIGA 855 513
1977

Cover der Single
»Long Tall Sally«
Hansa 17925
1977

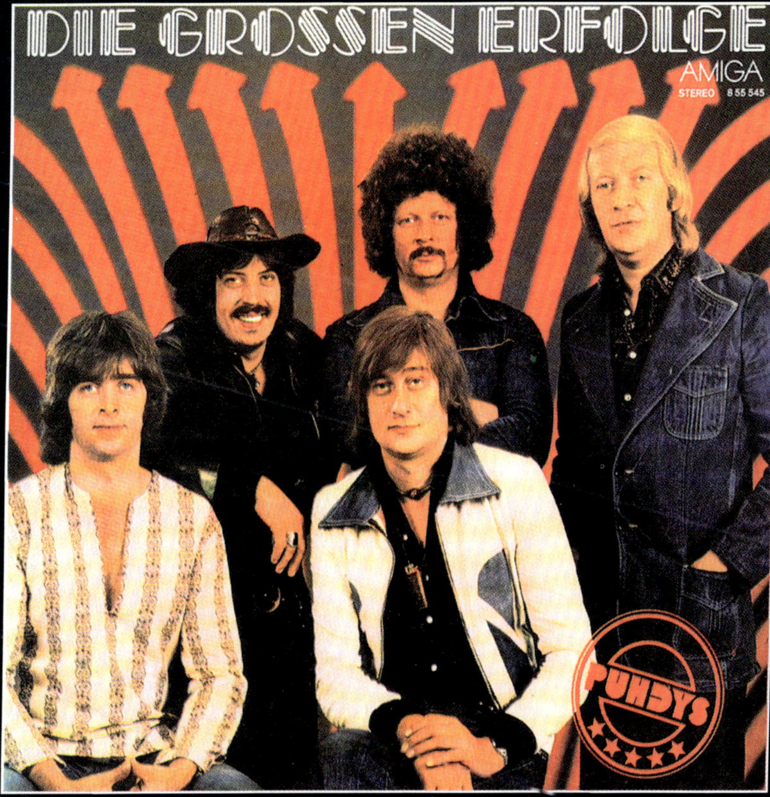

Cover der LP Puhdys »Die großen Erfolge« AMIGA 855 545 1977

Cover der Single »Alt wie ein Baum« AMIGA 456 224 1976

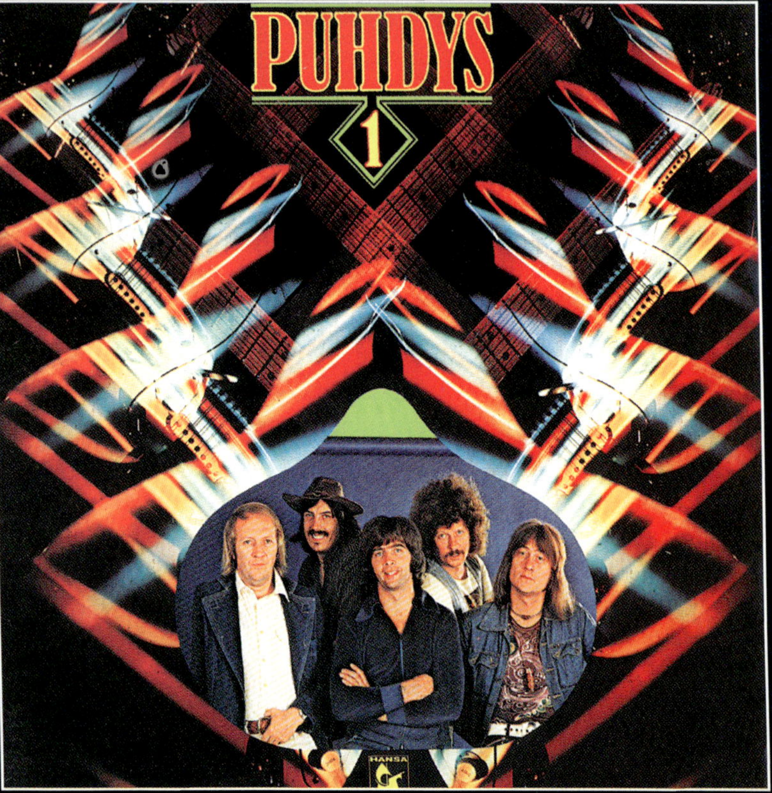

Cover der LP
»Puhdys 1«
Hansa 28481
1977

Cover der Single
»Geh zu ihr«
Hansa 17598
1977

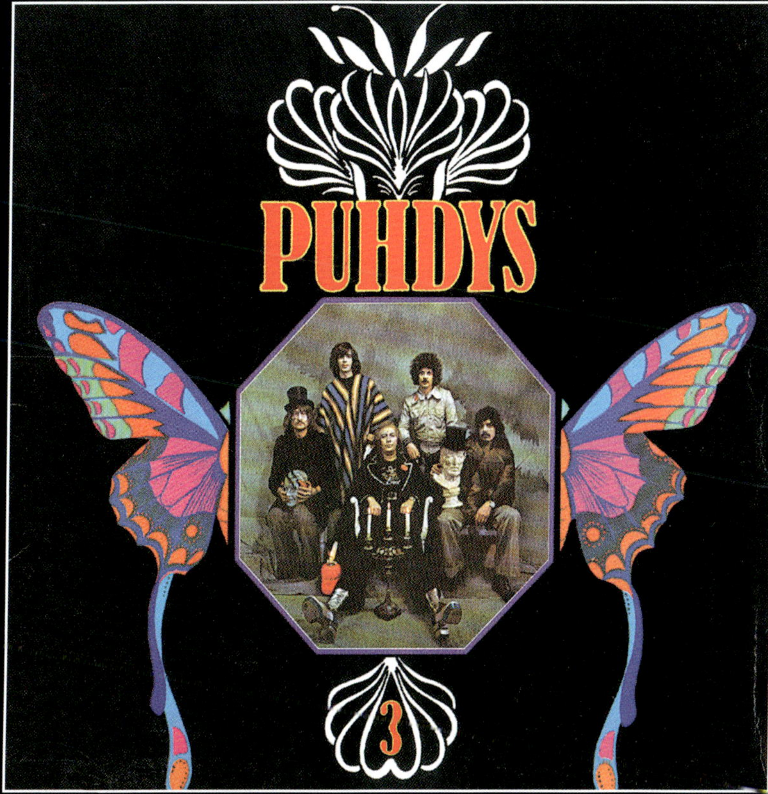

Cover der LP
»Puhdys 3«
Hansa 28993
1977

Cover der Single
»Alt wie ein Baum«
Hansa 11405
1977

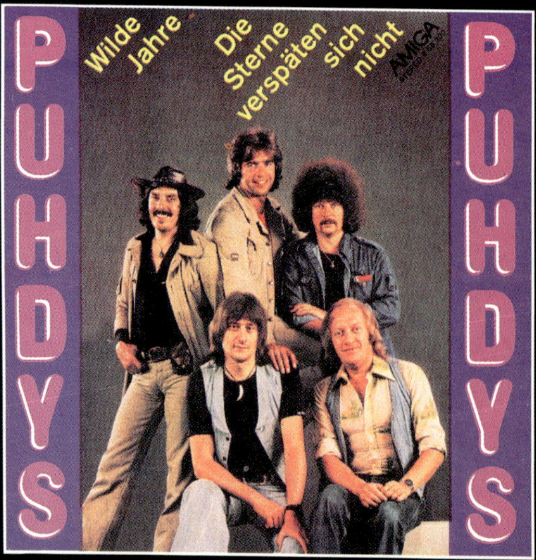

**Cover der LP
»Perlenfischer«
AMIGA 855 576
1978**

**Cover der Single
»Wilde Jahre«
AMIGA 456 300
1977**

3. **PUHDYS: STURMVOGEL**

Seite A

Sturmvogel
(Puhdys – Lasch) 4:21

Lebenszeit
(Puhdys – Tilgner) 3:17

Als ich mir wünschte, ein Kind zu sein
(Puhdys – Lasch) 2:28

Untermiete
(Puhdys – Tilgner) 2:36

Schlafe ein und fang die Träume
(Gärtner – Bryzz/
dt. T.:Schneider) 4:53

Seite B

Reise zum Mittelpunkt der Erd
Puhdys – Tilgner) 5:52

Lachen und Schweigen
(Puhdys – Lasch) 4:00

Einsamkeit
(Puhdys – Tilgner) 4:30

Auf dem Wege
(Puhdys – Tilgner) 4:20

AMIGA 855 454 1976

4. **ROCK'N'ROLL MUSIC**

Seite A:Long Tall Sally / Party / Rock and Roll Music
(Johnson/ Penniman – Blackwell/ Robinson/ Berry) 4:43
High School Confidential
(Hargrave – Lewis) 2:20
Tallahassee Lassie
(Slay/Crewe/Piscariello) 2:37
I Need Your Love Tonight
(Wayne – Reichner) 1:50
Brown Eyed Handsome Man
(Berry – Berry) 2:00
Donna (Valeus – Valeus) 2:55
I'm Gonna Love You Too
(Mauldin/Sullivan/Petry) 2:20

Seite B
Good Golly Miss Molly
(Calhoun – Calhoun) 1:58
Do You Want To Dance
(Freeman – Freeman) 2:10
Hound Dog
(Leiber – Stoller) 2:05
Sheila (Roe – Roe) 2:00
Tutti Frutti
(Lubin/Labostrie/Penniman) 1:45
Mean Woman Blues
(Metruis – Metruis) 2:05
Bye Bye Love
(Bryant – Bryant) 2:22
AMIGA 855 513 1977

5. **PUHDYS :**
DIE GROßEN ERFOLGE

Seite A
Geh zu ihr (gekürzte Fassung)
(Gotthardt – Plenzdorf) 2:03
Alt wie ein Baum
(Puhdys – Lasch) 2:45
Wenn ein Mensch lebt
(Gotthardt – Plenzdorf) 3:25
Machmal im Schlaf
(Birr – Tilgner) 4:00
Zeiten und Weiten
(Wosylus – Tilgner) 3:06
Lied für Generationen
(Jeske – Tilgner) 4:10

Seite B
Lebenszeit
(Puhdys – Tilgner) 3:20
Erinnerung
(Puhdys – Tilgner) 3:15
Steine
(Birr – Tilgner) 4:26
Vorn ist das Licht (gekürzte Fassung)
(Meyer – Tilgner) 2:58
Spiel zu zweit
(Hertrampf – Tilgner) 3:23
(gekürzte Fassung)
Ikarus (gekürzte Fassung)
(Birr – Tilgner) 3:57
AMIGA 855 545 1977

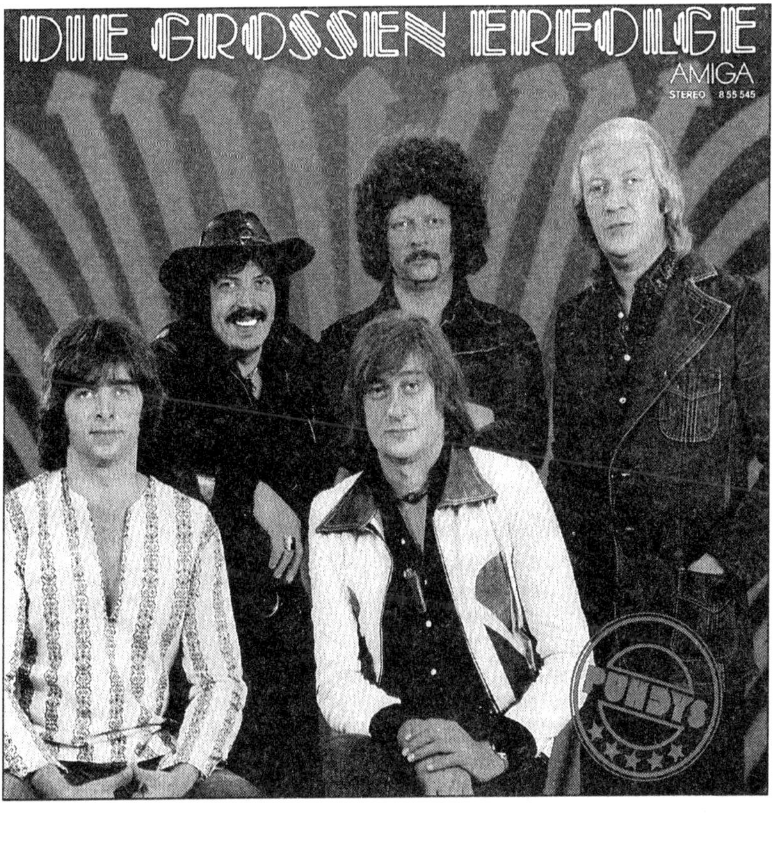

6.
PUHDYS:
PERLENFISCHER

Seite A

Wilde Jahre
(Puhdys – Lasch) 5:12
Sterne verspäten sich nie
(Puhdys – Tilgner) 7:24
Spuren der Nacht
(Puhdys – Lasch) 4:36
Wenn Träume sterben
(Puhdys – Tilgner) 4:00

Seite B

Perlenfischer
(Puhdys – Tilgner) 4:40
Es fällt mir schwer
(Puhdys – Lasch) 7:16
Mephisto
(Puhdys – Lasch) 6:31
Sei mir nah 54
(Puhdys – Tilgner) 4:26

AMIGA 855 576 1978

7.
PUHDYS:
10 WILDE JAHRE

Seite A
Ikarus II
(Puhdys – Lasch) 6:05
Napoleon
(Puhdys – Tilgner) 4:30
Tausend Meilen von Zuhaus
(Puhdys – Tilgner) 4:40
So nah am Leben, nah am Tod
(Puhdys – Tilgner) 4:15

Seite B
Falk und Nachtigall
(Puhdys – Kern) 4:45
Auf der Straße in die Nacht
(Puhdys – Tilgner) 4:10
Doch die Gitter schweigen
(Puhdys – Lasch) 5:03
Flieg, Vogel, flieg
(Puhdys – Lasch) 3:30
Hören und Sehen 56
(Birr – Tilgner) 2:40
AMIGA 855 627 1979

8.
PUHDYS LIVE
(DOPPELALBUM)

Seite A
Sturmvogel
(Puhdys – Lasch) 5:50
Perlenfischer
(Puhdys/Tilgner) 5:40
Sterne verspäten sich nie
(Puhdys – Tilgner) 8:05

Seite B
Ikarus II
(Puhdys – Lasch) 8:13
Tallahassee Lassie
(Slay/Crewe/Piscariello) 4:21
Reise zum Mittelpunkt der Erde
(Puhdys – Tilgner) 6:00

Seite C
Wilde Jahre
(Puhdys – Lasch) 6:04
Alpträume
(Puhdys – Lasch) 4:02
Ikarus
(Birr – Tilgner) 7:00
Lied für Generationen
(Jeske – Tilgner) 4:05

Seite D
Doch die Gitter schweigen
(Puhdys – Lasch) 4:04
Lebenszeit
(Puhdys – Tilgner) 4:10
Alt wie ein Baum
(Puhdys – Lasch) 3:25
Long Tall Sally / Party / Rock And Roll Music
(Johnson/ Blackwell/ Berry/ Penniman/Robinson/Berry) 4:02
Wenn ein Mensch lebt
(Gotthardt – Plenzdorf) 3:25
AMIGA 855 712 – 713 1979

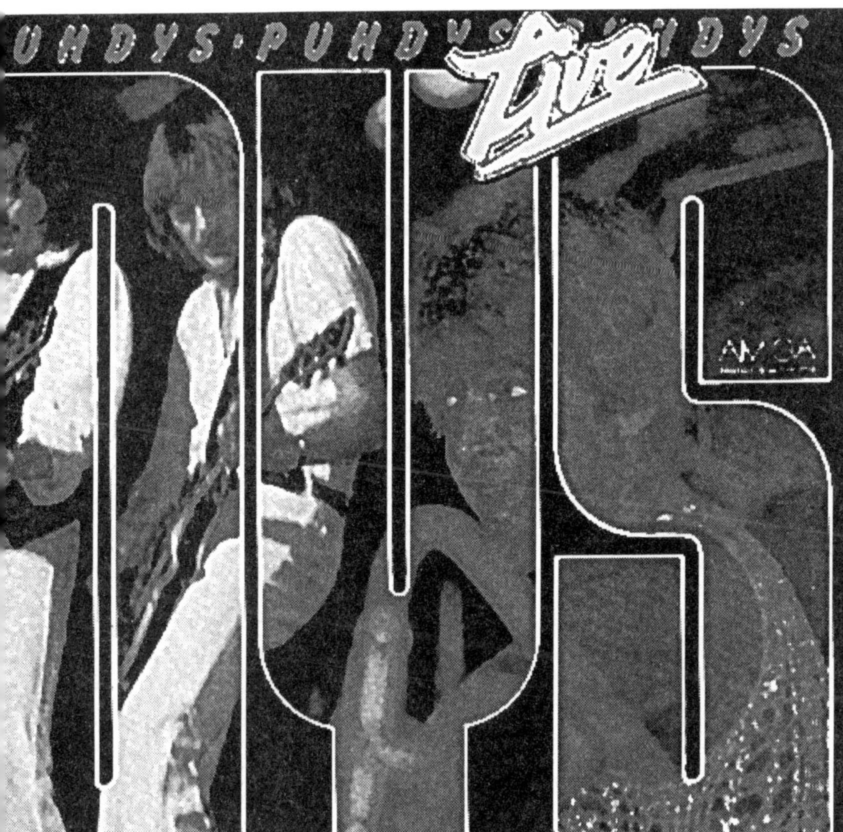

9.

PUHDYS:
HEISS WIE SCHNEE

Seite A

Nie wieder werde ich weinen um dich
(Puhdys – Birr) 4:40

Melanie
(Puhdys – Lasch) 4:15

Lied für Anja
(Puhdys – Lasch) 2:15

Fern von Zuhaus
(Puhdys – Lasch) 4:30

Weit, so weit
(Puhdys – Tilgner) 2:55

Seite B

Heiß wie Schnee
(Puhdys – Tilgner) 3:40

Bis an's Ende der Welt
(Puhdys – Lasch) 6:00

Die ganze Nacht
(Puhdys – Birr) 3:35

Marathon
(Puhdys – Tilgner) 4:35

Kein Paradies
(Puhdys – Lasch)
2:05

AMIGA 855 755 1980

10. **PUHDYS:**
FAR FROM HOME

Seite A:Prison Walls Are Silent (Doch die Gitter schweigen) (Puhdys Lasch/Michels/ Richardson) 4:20
The Times I've Cried Over You (Nie wieder werde ich weinen um dich) (Puhdys – Birr/Michels/ Richardson) 4:18
But Not For Ever (Bis ans Ende der Welt) (Puhdys – Lasch/ Richardson) 5:48
Journey To The Centre Of The World (Reise zum Mitelpunkt der Erde) (Puhdys – Tilgner/ Kaufmann- /Richardson) 5:30
Seite B Melanie (Melanie) (Puhdys – Lasch/Pratt/ Michels/Richardson) 4:20
Marathon (Marathon) (Puhdys – Tilgner/Richardson) 4:35
Love Dreams (Von der Liebe ein Lied) (Gotthardt – Tilgner/Michels/ Pratt/Richardson) 7:40
Far From Home (Fern von Zuhaus) (Puhdys – Lasch/ Richardson) 4:18
AMIGA 855 826 1981

11.

PUHDYS 10: SCHATTENREITER

Seite A

Der Außenseiter
(Birr/Meyer – Birr/Tilgner) 4:30

Wasser und Wein
(Heubach – Demmler) 3:50

Ausgebrannt
(Birr/Meyer – Lasch) 3:20

Was vom Leben bleibt
(Birr/Meyer – Tilgner) 3:45

Im Nebelmeer
(Birr/Meyer – Tilgner) 4:30

Seite B

Schattenreiter
(Birr/Meyer – Tilgner) 4:10

He, John
(Birr/Meyer – Lasch) 4:15

Männlichkeit
(Birr/Meyer – Birr) 4:45

Der Trinker
(Birr/Meyer – Lasch) 4:15

An den Ufern der Nacht
(Birr/Meyer – Lasch) 3:10

AMIGA 855 886 1982

12. **PUHDYS 11: COMPUTER-KARRIERE**

Seite A

Computer-Karriere
(Birr/Meyer – Birr) 2:29

Flieg mit mir
(Birr/Meyer – Birr) 3:50

Jahreszeiten
(Birr/Meyer – Birr) 2:29

Stop, Baby, Stop
(Birr/Meyer – Birr) 3:30

Karriere
(Birr/Meyer – Birr) 5:18

Sehnsucht
(Birr/Meyer/Scharfschwerdt – Birr) 3:35

Seite B

TV-Show
(Birr/Meyer – Birr) 3:11

Computerträume
(Birr/Meyer) 3:48

Computerman
(Birr/Meyer – Lasch) 4:22

Hiroshima
(Morgan – dt. T. Tilgner) 4:14

Schöpfung
(Birr/Meyer – Tilgner) 4:49

AMIGA 855 944 1983

13.

PUHDYS 12: DAS BUCH

Seite A

1984 (Birr/Meyer) 2:04

Ich will nicht vergessen
(Birr/Meyer – Lasch) 4:12

Die Wärme der Nacht
(Hertrampf – Tilgner) 3:54

Der Angstverkäufer
(Birr/Meyer – Taubert) 5:00

Die Boote der Jugend
(Birr/Meyer – Birr) 3:32

Das Buch
(Birr/Meyer – Birr) FDJ-Chor der EOS »Immanuel Kant« Berlin, 5:10

Seite B

Rockerrente
(Birr/Meyer – Birr) 4:56

Niemand wird so wieder werden
(Jeske – Din) 4:41

Bauernhochzeit
(Birr/Meyer – Birr) 3:34

Schlaf mit mir
(Birr/Meyer – Birr) 3:56

Das Märchen
(Birr/Meyer – Lasch) 3:56

AMIGA 856 039 1984

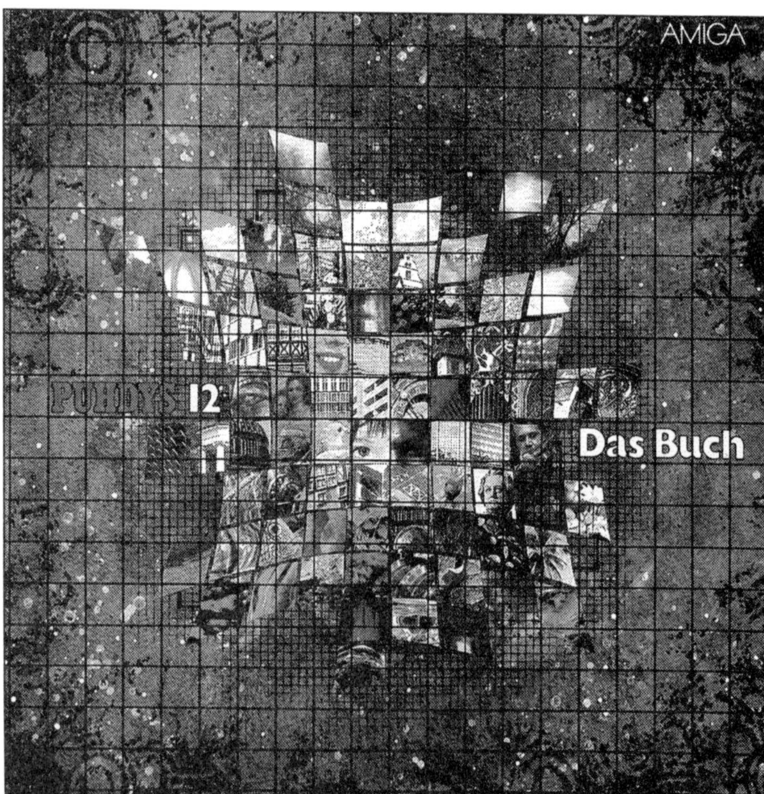

14.
PUHDYS 13
LIVE IN SACHSEN
(DOPPELALBUM)

Seite A
Computermann
(Birr/Meyer – Lasch) 3:58
Computer-Karriere
(Birr/Meyer – Birr) 4:09
Hiroshima
(Morgan – dt. T.:Tilgner) 4:24
Der Außenseiter
(Birr/Meyer – Birr) 4:37
Schattenreiter
(Birr/Meyer – Tilgner) 4:20

Seite B
He, John (Birr/Meyer-Lasch) 5:42
Bis ans Ende der Welt
(Puhdys – Lasch) 7:01
Was vom Leben bleibt
(Birr/Meyer – Tilgner) 5:03
TV-Show (Birr/Meyer – Birr) 3:41

Seite C
Melanie (Puhdys – Lasch) 10:00
Marathon (Puhdys – Tilgner) 5:26
Lolita (Zeisner/Huber/Spiller) 4:19

Seite D: Medley 15 Jahre Puhdys 14:36
a) Geh zu ihr (Gotthardt – Plenzdorf)
b) Perlenfischer (Puhdys -Tilgner)
c) Lied für Generationen
(Jeske – Tilgner)
d) Steine (Birr – Tilgner)
e) Reise zum Mittelpunkt der Erde
(Puhdys – Tilgner)
f) Sturmvogel (Puhdys – Lasch)
g) Ikarus (Birr – Tilgner)
h) Nie wieder werde ich weinen um dich (Puhdys – Birr)
i) Kein Paradies (Puhdys – Lasch)
j) Wenn Träume sterben
(Puhdys – Tilgner)
k) Wenn ein Mensch lebt
(Gotthardt – Plenzdorf)
l) Lebenszeit (Puhdys – Tilgner)
m) Alt wie ein Baum
(Puhdys – Lasch)

Rockerrente
(Birr/Meyer – Birr) 5:30
An den Ufern der Nacht
(Birr/Meyer – Lasch) 3:49

AMIGA 856 063-064 1984

15.

PUHDYS 14:
OHNE SCHMINKE

Seite A

Ohne Schminke
(Birr/Meyer – Birr) 3:38

Blind geboren
(Birr/Meyer – Birr) 3:36

Liebe auf den ersten Ton
(Birr/Meyer – Birr) 4:17

Wieviel Liebe
(Birr/Meyer – Birr/Lasch) 4:56

Make Love Not War
(Birr/Meyer – Birr/Lasch) 4:15

Seite B

Traumschifftramp
(Birr/Meyer – Birr) 3:57

Puppenmutti
(Birr/Meyer – Birr) 2:30

Tanz mit mir
(Birr/Meyer – Birr) 4:02

Lied für einen Fan
(Birr/Meyer – Birr) 5:05

Rock'n'Roll ist mein Begleiter
(Birr/Meyer – Birr) 3:11

AMIGA 856 164 1986

16.

DIETER BIRR: INTIM

Seite A
Intim
(Birr/Meyer – Birr) 3:18
So ist das Leben
(Birr/Meyer – Birr) 4:43
Und sie trinken ihr Bier
(Birr/Meyer – Birr) 2:38
Prinzenjagd
(Birr/Meyer – Birr) 3:37
Siebenschläfer
(Birr/Meyer – Birr) 3:20
Unser Kind
(Birr/Meyer – Birr) 3:42

Seite B Liebesfantasie
(Birr/Meyer – Birr) 3:03
Eine frei erfundene Geschichte
(Birr/Meyer – Birr) 4:06
Eingehängt
(Birr/Meyer – Birr/Meyer) 3:22
Mädchen aus Amsterdam
(Birr/Meyer – Birr) 4:32
Göttin der Liebe 68
(Birr/Meyer – Birr) 3:59

AMIGA 856 189 1986

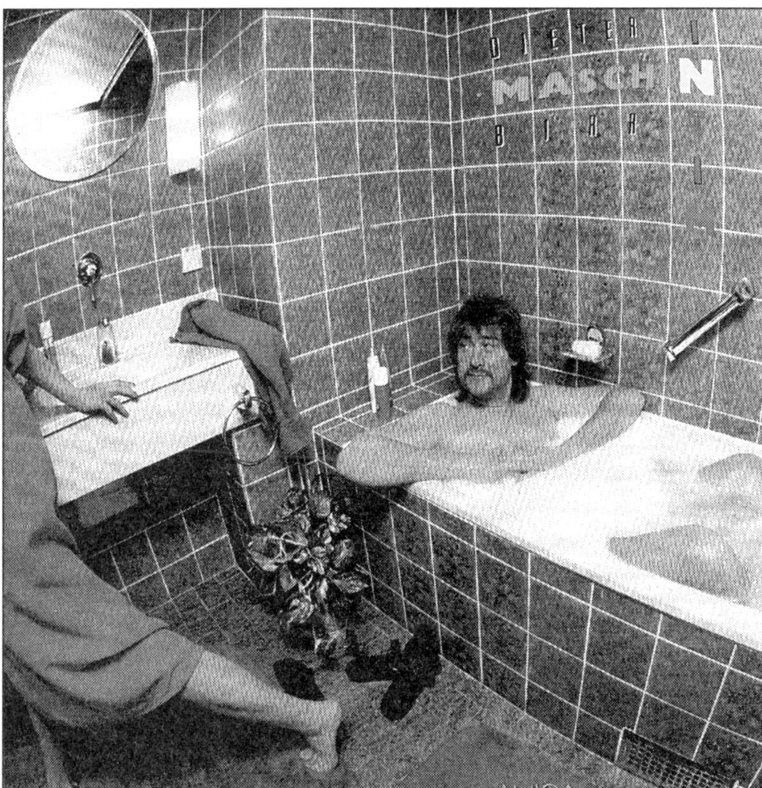

17.
QUASTER: LIEBE PUR

Seite A
Liebe pur
(Jeske – Fensch) 3:35
Kalte Tage
(Hertrampf – Fensch) 4:06
Vögel aus Blei
(Hertrampf – Fensch) 3:58
Geheime Zeichen
(Jeske – Fensch) 3:19
So nah
(Hertrampf – Fensch) 4:27

Seite B
Rock'n'Roll Ballerina
(Hertrampf – Fensch) 3:45
Das Eine und das Andere
(Jeske – Fensch) 3:43
Die Kugel rollt
(Jeske – Fensch) 3:31
Altes Mädchen
(Jeske – Fensch) 3:54
Mein Gott
(Hertrampf – Fensch) 2:13
Ende meiner Einsamkeit
(Hertrampf – Fensch) 3:02

AMIGA 856 262 1987

18.

PUHDYS 15: NEUE HELDEN

Seite A

Auf der Fahrt
(Puhdys – Kowarski) 3:47

Kleiner Planet
(Puhdys – Kowarski) 4:54

Neue Helden
(Puhdys – Kowarski) 4:45

Frei wie der Wind
(Puhdys – Kowarski) 4:11

Wüsten-Psalm
(Puhdys – Kowarski) 4:56

Seite B

Wir sind allein
(Puhdys – Kowarski) 4:42

Lichtermeer
(Puhdys – Kowarski) 4:28

Leben ist kurz
(Puhdys – Kowarski) 4:07

Der Stier
(Puhdys – Kowarski) 3:51

Herbstwind
(Puhdys – Kowarski) 3:23

AMIGA 856 301 1989
(Das Original-Cover konnte in der DDR nicht erscheinen, es fällt der Zensur zum Opfer.)

19. **PUHDYS JUBILÄUMS-ALBUM: 20 JAHRE UND KEIN BISSCHEN LEISER (DOPPELALBUM)**

Seite A
Born To Be Wild
(Bonfire) 3:57
Light My Fire
(Morrison/Manzarek/Krüger /Densmore) 3:08
The Lady In Black
(Hensley) 3:43
Sunshin Of Your Love
(Bruce/Brown/Clapton) 4:01
Death Of A Clown (Dovies) 3:17
Poor Boy (Presley/Matson) 2:53
Rock'n'Roll
(Gardon/Langhorn) 3:53

Seite B
Who'll Stop The Rain
(Fogerty) 2:20
Summertime Blues
(Cochran/Capehart) 2:01
Teenage Wasteland
(Townsend) 3:21
A Whiter Shade Of Pale
(Brooker) 4:25
Black Night
(Paice/Glöover/Gillan/Lord /Blackmore) 3:01

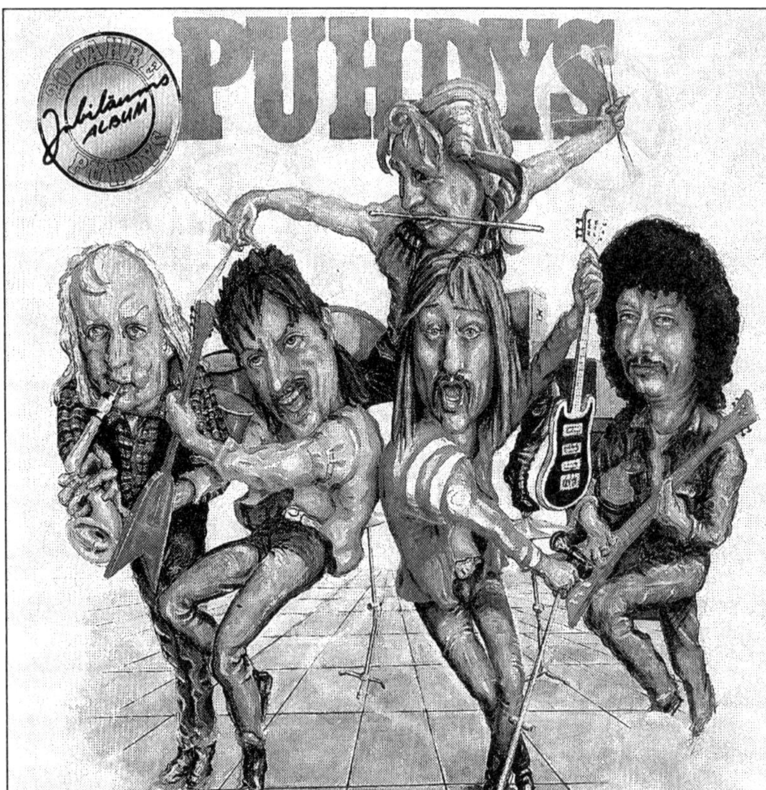

Paint It Black
(Jagger/Richards) 3:16

Seite C
Rockerrente – Helga Hahnemann
(Birr/Meyer – Birr) 3:35
Der Außenseiter
(Birr/Meyer – Tilgner) 4:30
Wenn Träume sterben – Rosalili
(Puhdys – Tilgner) 4:23
Die Wärme der Nacht
(Hertrampf – Tilgner) 3:54
Geh zu ihr – Amor & die Kids
(Gotthardt – Plenzdorf) 2:39
Die Boote der Jugend (Neuversion 1987, Birr/Meyer – Birr) 2:51

Seite D
1992 – Die Lords
(Puhdys – Günther) 3:15
Ich will nicht vergessen
(Birr/Meyer – Lasch) 4:12
He, John – IC
(Puhdys – Lasch) 4:24
TV-Show (Live)
(Birr/Meyer – Birr) 3:30
(An den Ufern der Nacht – Berluc)
(Birr/Meyer – Lasch) 3:46
Das Buch
(Birr/Meyer – Birr) 5:10
AMIGA 856 447 – 448 1989

NACHPRESSUNGEN

Die ersten LP's erschienen in den Jahren 1980 bis 1982 auf AMIGA nochmals mit einem neuen einheitlich gestalteten Cover. Auf den Vorderseiten sind in Form von Lampenleisten die Plattennumerierungen zu lesen.
Die Rückseiten sind mit einem Text über die Puhdys versehen. Die LP »Die großen Erfolge« wurde aus der Numerierung und aus der Nachauflage herausgelassen. Die Bestellnummern sind mit den Originalen identisch.

AMIGA 855 348 Puhdys Nr. 1
identisch mit Die Puhdys (1)

AMIGA 855 404 Puhdys Nr. 2
identisch mit Puhdys (2)

AMIGA 855 454 Puhdys Nr. 3
identisch mit Sturmvogel

AMIGA 855 413 Puhdys Nr. 4
identisch mit Rock'n'Roll Music

AMIGA 855 576 Puhdys Nr. 5
identisch mit Perlenfischer

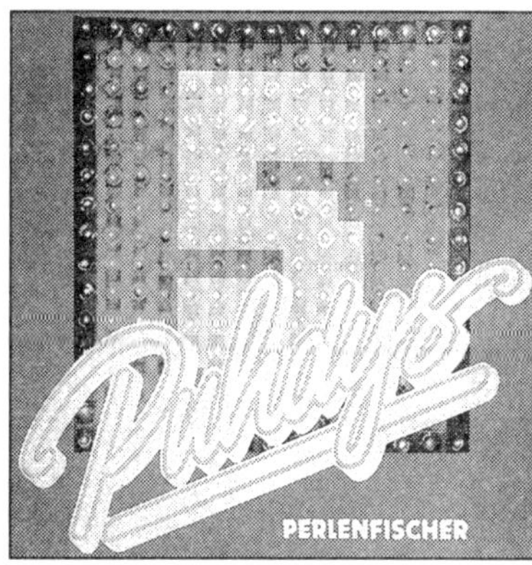

AMIGA 855 712/713
Puhdys Nr. 7
identisch mit Live (Doppelalbum)

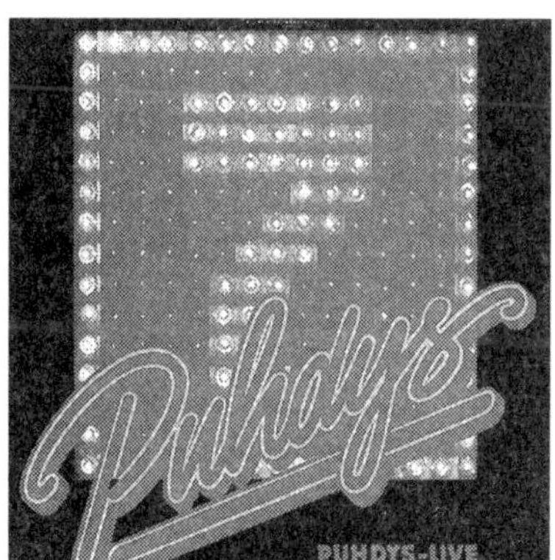

KASSETTEN

Eigentlich sollten nur Schallplatten und CD in dieser Diskografie aufgelistet werden, aber bei AMIGA erschien 1984 eine Kassettenbox mit drei MCs, welche weder als LP noch als CD veröffentlicht wurde und dennoch erwähnt werden sollte.

Puhdys Lieder für Generationen

S. 1: Melanie (Puhdys – Lasch) 4:25
He, John (Birr/Meyer-Lasch) 4:15
Erinnerung (Puhdys -Tilgner) 3:15
Perlenfischer (Puhdys-Tilgner)4:40
Was vom Leben bleibt (Birr/Meyer – Tilgner) 3:45
Seite 2: Wilde Jahre (Puhdys – Lasch) 5:10
Reise zum Mittelpunkt der Erde (Puhdys – Tilgner) 5:52
Geh zu ihr (Gotthardt – Plenzdorf) 2:43
Ikarus (Birr – Tilgner) 4:48
Hören und sehen (Birr – Tilgner) 2:40
MC 2: Seite 1: Bis an's Ende der Welt (Puhdys – Lasch) 6:00
Wenn Träume sterben (Puhdys – Tilgner) 4:00
Spiel zu weit (Hertrampf – Tilgner) 3:50
Kein Paradies (Puhdys – Lasch) 2:05

Manchmal im Schlaf (Birr – Tilgner) 4:00
Seite 2: Sturmvogel (Puhdys – Lasch) 4:21
Lied für Generationen (Jeske – Tilgner) 4:10
Der Außenseite (Birr/Meyer – Tilgner) 4:30
Einsamkeit (Puhdys–Tilgner) 4:30
An den Ufern der Nacht (Birr/Meyer – Lasch) 3:10
MC 3: Seite 1
Steine (Birr – Tilgner) 4:27
Schattenreiter (Birr/Meyer – Tilgner) 4:10
Spuren der Nacht (Puhdys – Lasch) 4:35
Ausgebrannt (Birr/Meyer – Lasch) 3:20
Lied für Anja (Puhdys – Lasch) 2:15
Seite 2 Doch die Gitter schweigern (Puhdys – Lasch) 4:04
Lebenszeit (Puhdys – Tilgner) 4:10
Alt wie ein Baum (Puhdys – Lasch) 3:25
Long Tall Sally/Party/
Rock And Roll Music (Johnson/Pennimann/Blackwell/Robinson/Berry) 4:02
Wenn ein Mensch lebt (Gotthardt – Plenzdorf) 3:25
AMIGA 3 MK 099 141/143 1984

LP-VERÖFFENTLICHUNGEN BRD

1.
PUHDYS 1
Seite A:
Geh zu ihr
(Gotthardt – Plenzdorf) 2:42
Ikarus (Birr – Tilgner) 4:44
Einsamkeit (Puhdys -Tilgner) 4:30
Zeiten und Weiten
(Wosylus – Tilgner) 3:49
Reise zum Mittelpunkt der Erde
(Puhdys – Tilgner) 5:50

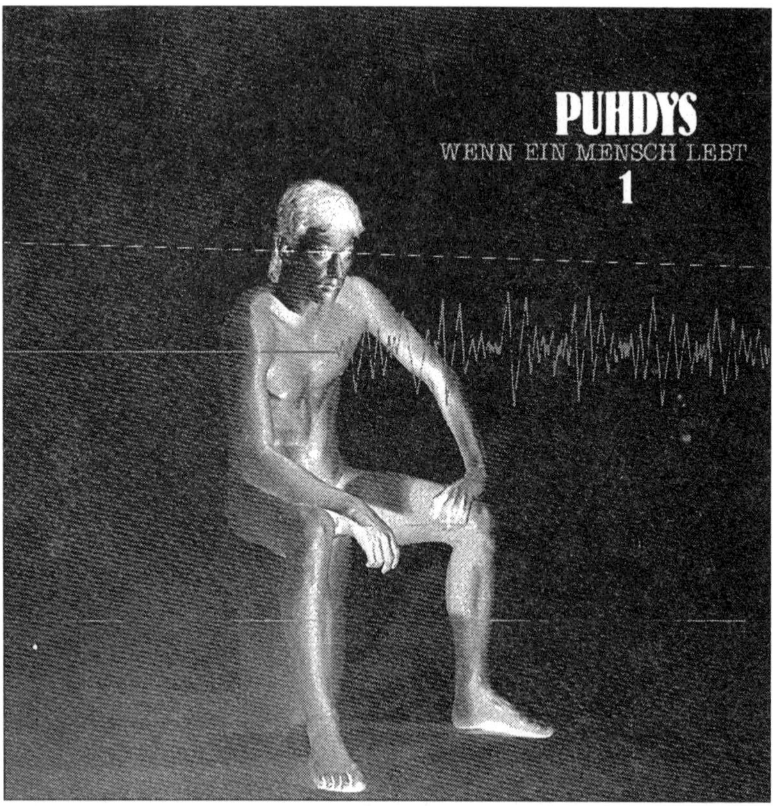

Seite B:
Wenn ein Mensch lebt
(Gotthardt – Plenzdorf) 3:21
Lied für Generationen
(Jeske – Tilgner) 4:10
Vineta (Meyer – Tilgner) 5:41
Von der Liebe ein Lied
(Gotthardt – Plenzdorf) 4:03
Vorn ist das Licht
(Meyer – Tilgner) 3:20
Hansa 28 481 1977 BRD
Diese LP erschien als
Nachpressung mit anderem Cover
Pool 6.25 268 1982 BRD

2.
PUHDYS 2
ROCK'N'ROLL MUSIC

Die Titel sind mit der
gleichnamigen AMIGA-LP
855 513 identisch.

Hansa 28 718 1977 BRD

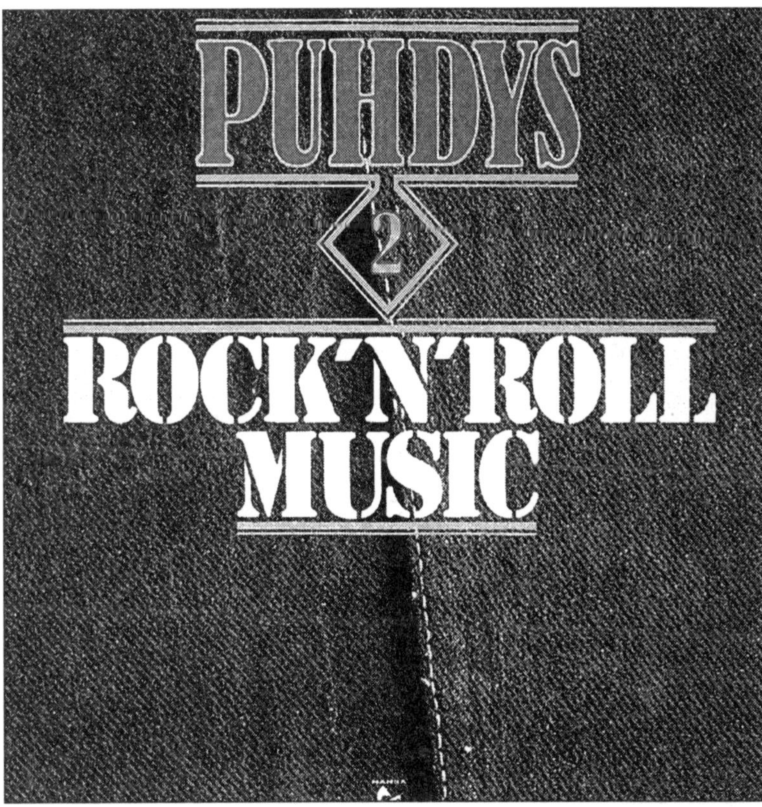

3. **PUHDYS 3**
Seite A:Sturmvogel
(Puhdys – Lasch) 4:21
Spiel zu zweit
(Hertrampf – Tilgner) 3:50
Erinnerung
(Puhdys – Tilgner) 3:25
Wie ein Pfeil (Langfassung BRD)
(Wosylus – Lasch) 4:15
Wenn Träume sterben
(Puhdys – Tilgner) 4:00

Seite B
Lebenszeit
(Puhdys – Tilgner) 3:17
Steine (Birr – Tilgner) 4:27
Perlenfischer (Puhdys-Tilgner) 4:21
Alt wie ein Baum
(Puhdys – Lasch) 2:45
Manchmal im Schlaf
(Birr – Tilgner) 4:25
Hansa 28 993 1977 BRD
Diese LP erschien als Nachpressung mit anderem Cover.
Pool 6.25 269 1982 BRD

4. **PUHDYS 4**
DIE WILDEN JAHRE
Seite A
Geh zu ihr
(Gotthardt – Plenzdorf) 2:42
Wenn ein Mensch lebt
(Gotthardt – Plenzdorf) 3:21
Spiel zu zweit
(Hertrampf – Tilgner) 3:50
Perlenfischer (Puhdys – Tilgner) 4:21
Bye Bye Love (Bryant) 2:22
Sturmvogel (Puhdys – Lasch) 4:21
Long Tall Saly/Party/Rock'n'Roll Music (Johnson/Penniman/ Blackwell/ Robinson/Berry) 4:43

Seite B
Reise zum Mittelpunkt der Erde
(Puhdys – Tilgner) 5:50
Lied für Generationen
(Jeske – Tilgner) 4:10
Alt wie ein Baum
(Puhdys – Lasch) 2:45
Donna (Valeus – Enro) 3:33
Erinnerung (Puhdys-Tilgner) 3:25
Wenn Träume sterben
(Puhdys – Tilgner) 4:00
Good Golly Miss Molly (Calhoum – Hill & Range Songs) 1:58

Hansa 25 877 1978 BRD

5. **PUHDYS 5**

Seite A
Wilde Jahre (Puhdys – Lasch) 5:09
Flieg, Vogel, flieg
(Puhdys – Lasch) 3:30
(Doch die) Gitter schweigen
(Puhdys – Lasch) 4:48
Sterne verspäten sich nie
(Puhdys – Tilgner) 7:22
Spuren der Nacht
(Puhdys – Lasch) 4:34

Seite B
Mephisto (Puhdys – Lasch) 6:29
Napoleon (Puhdys – Tilgner) 4:28
Ikarus II
(Puhdys – Lasch) 6:45
Es fällt mir schwer
(Puhdys – Lasch) 7:13
Hansa 200 001 320
1978 BRD
Diese LP erschien als
Nachpressung mit gleichem Cover.
Pool 6.25 270 1982 BRD

6. **PUHDYS 6: LIVE**

Die Titel sind mit der AMIGA-LP 855 712-713 »Puhdys Live« identisch.

Hansa 300 586-406, 1979, BRD

Diese LP erschien als Nachpressung mit gleichem Cover.
Pool 6.28 608 1982 BRD

7.**PUHDYS**
HEISS WIE SCHNEE

Die Titel sind mit der AMIGA-LP 855 755 »Heiß wie Schnee« identisch. Zusätzlich enthält diese LP als 6. Titel auf der A-Seite »Nah am Leben, nah am Tod« – in der DDR als »So nah am Leben, nah am Tod« erschienen.
Rocktopus 202 816-320, 1980,
Diese LP erschien als Nachpressung mit gleichem Cover.
Pool 6.25 271, 1982, BRD

8.
Puhdys Far From Home
Die Titel sind mit der
AMIGA.LP 855 826
»Far From Home« identisch
Hansa 203 982-320, 1980, BRD

9.
Puhdys Schattenreiter
Die Titel sind mit der AMIGA-LP 855
886 »Schattenreiter« identisch.
Hansa 204 232-320, 1981, BRD
Diese LP erschien als Nachpressung
mit gleichem Cover.
Pool 6.25 272 1982 BRD

10.
Puhdys Computer-Karriere
Die Titel sind mit der AMIGA- LP 855
944 »Computer-Karriere« identisch.
Die Titelreihenfolge unterscheidet sich
jedoch auf der B-Seite von der
AMIGA-Veröffentlichung. Pool 6.25
433, 1983, BRD (anderes Cover)

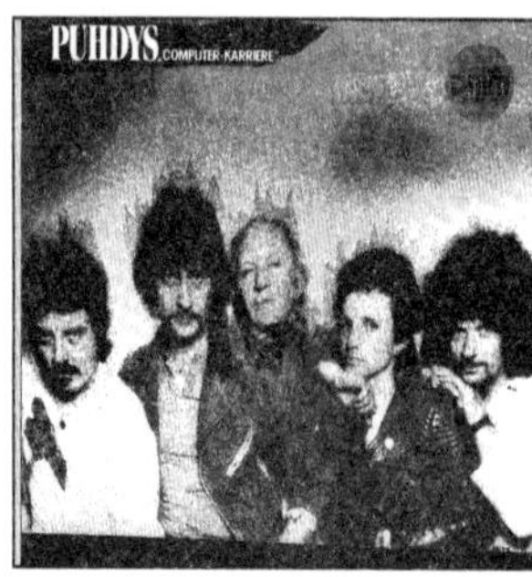

11.
Puhdys:Das Buch
Die Titel sind mit der AMIGA-
LP 856 039 »Das Buch« identisch.

Pool 6.25 911, 1984, BRD
(anderes Cover)

12.
Puhdys:Live in Sachsen
Die Titel sind mit der AMIGA-
LP 856 063 – 064 »Live in Sachsen«
identisch
Teldec/Pool 6.28 648, 1984, BRD
(gleiches Cover)

13.
Puhdys:Ohne Schminke
Die Titel sind mit der AMIGA-
LP 856 164 »Ohne Schminke« iden-
tisch.
Pool 6.26352 1986 BRD
(gleiches Cover)

14.
Puhdys:Neue Helden
Die Titel sind mit der AMIGA-LP 856
301 »Neue Helden« identisch.
KOCH 122 151, 1989, BRD
(Original-Cover, das auch bei der CD-
Pressung verwendet wurde, unterschei-
det sich vom AMIGA-Cover.)

15. **PUHDYS: WIE EIN ENGEL**
Seite A
Leben ist so oder so (1)
(Birr/Meyer – Pannach) 3:05
So weit die Füße tragen (Birr/Meyer – Birr/Pannach) 3:14
Wie ein Engel
(Birr/Meyer – Pannach) 2:27
Jenny (Birr/Meyer – Pannach) 3:40
Ich leb' noch
(Birr/Meyer – Karma) 3:16
Morgengrauen (Birr/Meyer – Birr/Pannach) 3:44
Schwarz und weiß
(Birr/Meyer – Karma) 3:02
Der Sonne entgegen
(Birr/Meyer – Birr) 3:46
Seite B Alle Wege
(Birr/Meyer – Karma) 3:42
Nein (Puhdys – Kowarski) 4:03
So wie früher
(Birr/Kuntze – Birr) 2:27
Wenn ein Mensch lebt (Neufassung, Gotthardt – Plenzdorf) 3:32
Tränen und Diamanten
(Birr/Meyer – Pannach) 3:54
Was bleibt
(Birr/Meyer – Pannach) 4:01
Leben ist so oder so (2)
(Birr/Meyr – Pannach) 3:50
DSB 3034 – 1 1992, BRD

Cover der LP »Puhdys« Melodia 60-09035-36 1977

Cover der Promo-Single »Wilde Jahre« Hansa 100 042-000 1978

Cover der LP
Puhdys »10 wilde Jahre«
AMIGA 855 627
1979

Cover der Single
»Ikarus II«
AMIGA 456 351
1978

Cover der LP
Puhdys 4
»Die wilden Jahre«
Hansa 25877
1978

Cover der Single
»Gitter schweigen«
Hansa 100 339-100
1979

Cover der LP »Puhdys 5« Hansa 200 001 320 1978

Cover der Single »Kein Paradies« Hansa 101 057-100 1979

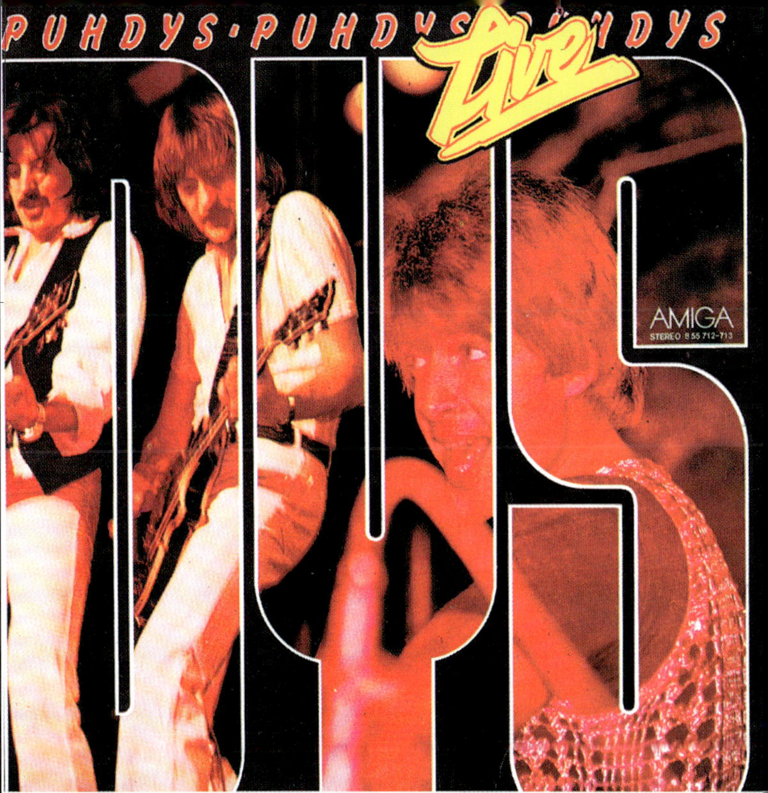

Cover der Doppel-LP »Puhdys Live« AMIGA 856 712-713 1979

Cover der Single »Doch die Gitter schweigen« AMIGA 456 364 1978

Cover der LP
Puhdys 14
»Heiß wie Schnee«
AMIGA 855 755
1980

Cover der Single
»Kein Paradies«
AMIGA 456 391
1979

Cover der LP
Puhdys
»Far From Home«
Hansa 203 982-320
1980

Cover der Single
»Heiß wie Schnee«
Hansa 102 015-100
1980

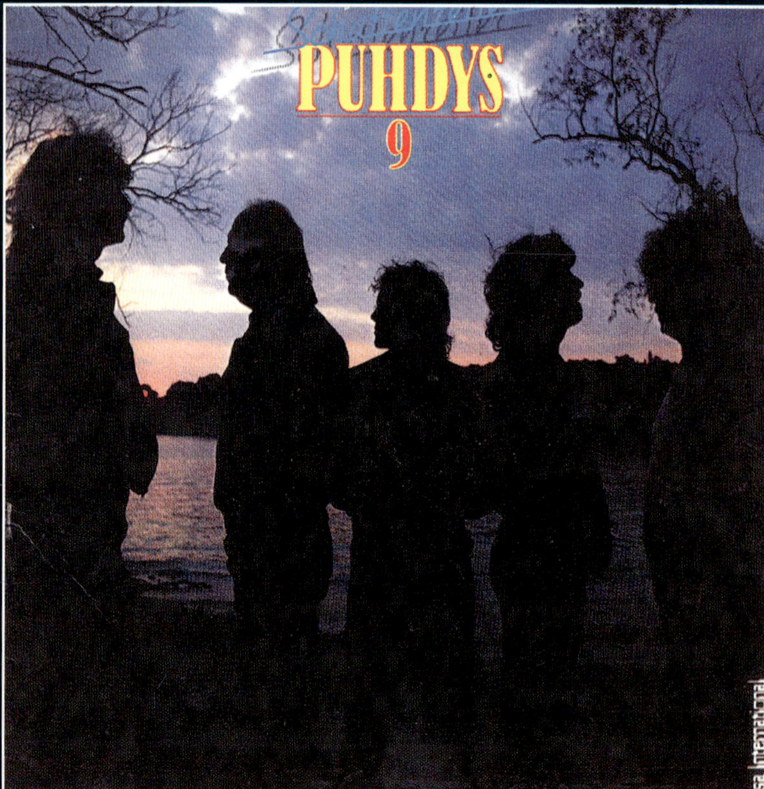

Cover der LP
Puhdys 9
»Schattenreiter«
Hansa 204 232-320
1981

Cover der Single
»Bis ans Ende der Welt«
Rocktopus 102 355-100
1980

INTERNATIONALE LP-VERÖFFENTLICHUNGEN

MELODIA, UDSSR:

1. **PUHDYS**

Seite A
Wenn Träume sterben
(Puhdys – Tilgner) 3:56
Perlenfischer
(Puhdys – Tilgner) 4:20
Sturmvogel (Puhdys – Lasch) 4:28
Lebenszeit (Puhdys – Tilgner)
3:21
Seite B
Reise zum Mittelpunkt der Erde
(Puhdys – Tilgner) 5:16
Langstreckenlauf
(Puhdys – Tilgner) 4:20
Ikarus (Birr – Tilgner) 3:54
Manchmal im Schlaf
(Birr – Tilgner) 4:02
Melodia 33 C 60-09035-36, 1977, UdSSR

SUPRAPHON, CSSR:

1. Puhdys
Die Titel sind mit der 2. AMIGA-LP 855 404 »Puhdys« identisch
Supraphon 1131 923, 1976, CSSR
(anderes Cover)

2. Puhdys »Rock'n' Roll Music«
Die Titel sind mit der AMIGA-LP 855 513 »Rock'n'Roll Music« identisch.

3. Puhdys Live
Die Titel sind mit der AMIGA-LP 855 712/713 »Live« identisch.
Supraphon 1113 3031-32, 1980, CSSR (gleiches Cover)

ÜBERSICHT ÜBER LP-SAMPLER, AUF DENEN DIE PUHDYS VERTRETEN SIND

hallo 1
AMIGA 855 331 1972
Geh dem Wind nicht aus dem Wege

hallo 3
AMIGA 855 333 1972
Türen öffnen sich zur Stadt

hallo 4
AMIGA 855 334 1972
Steige nicht auf einen Baum
Manchmal im Schlaf

hallo 6
AMIGA 855 336 1972
Finde den Weg durchs Feuer

Rythmus 73
AMIGA 855 327 1973
Geh zu ihr
Vorn ist das Licht

hallo 9
AMIGA 855 339 1973
Zeiten und Weiten (Live 1972)

hallo 10
AMIGA 855 340 1973
Hören und sehen

hallo 12
AMIGA 855 342 1973
Wenn ein Mensch lebt

48 Crash
AMIGA 855 392 1973
Hell Raiser
Highway Star

Rhythmus '74
AMIGA 855 401 1974
Wie ein Pfeil (Singlefassung)

AMIGA Express 74
AMIGA 855 406 1974
Unser Lied ist euer Schrei

Die Rose von Chile
AMIGA 855 412 1974
Unser Lied ist euer Schrei

Rhythmus 75
AMIGA 855 434 1975
Steine

20 x Beat
AMIGA 855 399 1975
Geh zu ihr

hallo 1'75
AMIGA 855 346 1975
Sonntagsfahrer

2x 10 Beat Erfolge
AMIGA 855 457 1975
Langstreckenlauf
Wie ein Pfeil

Superparty
Das Beste aus hallo 1-12
Nova 885 052 1975
Zeiten und Weiten
Finde den Weg durchs Feuer

hallo '76
AMIGA 855 468 1976
Lebenszeit

Rhythmus 76
AMIGA 855 475 1976
Reise zum Mittelpunkt der Erde

Non Stop Beat
AMIGA 855 477 1976
Lachen und Schweigen

Beat-Party
AMIGA 855 520 1977
Alt wie ein Baum

Beat-Kiste
AMIGA 855 539 1977
Wenn Träume sterben

Da war die Liebe im Spiel
AMIGA 855 547 1977
Alt wie ein Baum

Die großen AMIGA-Erfolge
AMIGA 855 566 1977
Wenn Träume sterben

20 original Beat Hits
AMIGA 855 583 1978
Wilde Jahre
Erinnerung

Disco Sound
AMIGA 855 615 1978
Alt wie ein Baum (instrumental)
Gitarrensolo:Dieter Birr

Rock & Pop 1'79
AMIGA 855 642 1979
Napoleon

Gimme, Gimme, Gimme
AMIGA 855 771 1979
Donna
Hound Dog

Rock Deutsch
Hansa 200 165 – 315 1979
Wilde Jahre
Ikarus
Sturmvogel

Rock'n Deutsch Folge 1
Pool 6.28 487 (DLP) 1980
Doch die Gitter schweigen

Lieder zur Olympiade
AMIGA 855 773 1980
Marathon

Rock & Pop 1'80
AMIGA 855 774 1980
Kein Paradies

Rock & Pop 2'80
AMIGA 855 797 1980
Bis ans Ende der Welt

Die großen Erfolge '80
AMIGA 855 801 1980
Melanie

Hits Instrumental
AMIGA 855 823 1981
Melanie (instrumental)
Gitarrre:Dieter Birr
Bis ans Ende der Welt (instrumental) Saxophon:Günther Fischer

Ruleta 3
Supraphon 1113 3010 H
1981
Heiss wie Schnee
Kein Paradies

Das Album Rockbilanz 1981
AMIGA 855 889/890 1982
He, John

Die schönsten Rock-Balladen
AMIGA 856 010 1982
Alt wie ein Baum
Lebenszeit
Wenn ein Mensch lebt

Pop Gymnastik
AMIGA 856 017 1982
Jahreszeiten
TV-Show

Die schönsten Rock-Balladen
Pool 6.25 358 1982
Was vom Leben bleibt
Alt wie ein Baum
Lebenszeit
Wenn ein Mensch lebt

Rock'n Deutsch Folge 2
Pool 6.28 559 (DLP) 1982
He, John

Das Album Rockbilanz 1982
AMIGA 855 970/971 1983
Schattenreiter

Rock für den Frieden '83
AMIGA 855 937 1983
Computer-Karriere (live)

5 Jahre Pool
Pool 6.623 180 1983
Alt wie ein Baum

Das Album Rockbilanz 1983
AMIGA 856 018/019 1984
Jahreszeiten

Rock für den Frieden '84
AMIGA 856 038 1984
Das Buch (live) (mit FDJ-Chor)

Atemlos – Disco Non Stop
AMIGA 856 047 1984
Bauernhochzeit

Das Album Rockbilanz 1984
AMIGA 856 083/084 1985
Rockerrente

Am Abend mancher Tage – Rockballaden
AMIGA 856 150 1985
He, John

Feuerwerk
AMIGA 856 120 1985
Feuerwerk (Thomas Lück & die Puhdys)
Im Paradies (Jaqueline & die Puhdys)
Göttin der Nacht (Dieter Hertrampf)

Das Album Rockbilanz 1985
AMIGA 856 160/161 1986
Rock'n'Roll ist mein Begleiter

He Du (Kinderlieder)
AMIGA 845 307 1986
Für die Muttis einen Blumenstrauß

Dein und mein Planet –
5 Jahre Rock für den Frieden
AMIGA 856 123 1986
Das Buch

Die großen Erfolge 1986
AMIGA 856 237 1986
Intim (Dieter Birr)

Das Album Rockbilanz 1986
AMIGA 856 238/239 1987
Ohne Schminke

Disco Non Stop
Komm und fühl die heiße Nacht
AMIGA 856 235 1987
Intim (Dieter Birr)

Lovedreams – Filmmusiken von Peter Gotthardt
AMIGA 856 270 1987
Geh zu ihr
Wenn ein Mensch lebt
Lovedreams

Das Album Rockbilanz 1989
AMIGA 856 474/475 1990
Kleiner Planet

Die schönsten Rockballaden
Vol. 1 Alt wie ein Baum
DSB 1990
Alt wie ein Baum
Lebenszeit
Wenn ein Mensch lebt

Die schönsten Rockballaden
Vol. 2 Am Abend mancher Tage
DSB 1990
He, John

MAXI-CD UND SINGLE-CD-VERÖFFENTLICHUNGEN

1. **Wie ein Engel**
   (Birr/Meyer – Pannach) 2:47
   So wie früher
   (Birr/Meyer – Birr) 2:27
   Schwarz und weiß
   (Birr/Meyer – Karma) 3:02
   DSB 3033-5 – 1992

2. **Ich leb noch**
   (Birr/Meyer – Karma) 3:16
   Was bleibt
   (Birr/Meyer – Pannach) 4:01
   Leben ist so oder so (2)
   (Birr/ Meyer – Pannach) 3:50
   DSB Promotion – 1992

3. **Keine Ahnung** (Demoversion)
   (Birr – Birr) 3:28
   Kommen und gehen (Hertrampf/
   Mohren – Pannach) 4:49
   Deutschland, Deutschland
   (Schwarfschwerdt/Kuntze -
   Lasch) 3:06
   Dakoda 33044-8 – 1994

4. **Keine Meile tut mir leid**
(Jeske – Bruhn) 3:29
With A Little Help From My Friends (live)
(Lennon/Mc Cartney) 4:50
Die Show muß weitergehn
(Birr/Meyer – Pannach) 3:25
Dakoda 33045-8 – 1994

---

5. **Ewig leben** (Original-Version)
(Birr/Meyer – Birr) 2:59
Ewig leben (Club-Version)
(Birr/Meyer – Birr) 2:46
Ewig leben (Party-Version)
(Birr/Meyer – Birr) 2:58
Dakoda 33055-8 – 1995

---

6. **FC Hansa wir lieben dich total**
(Birr – Birr)
FC Hansa-Hymne 3:30
FC Hansa-Hymne (Karaoke) 3:30
Toreinspiel 1 – 3 0:58
FC Hansa Motiv 0:15
Finale-Refrain 2:05
Dakoda 33076-8 – 1995

---

7. **Alt wie ein Baum**
(Happy Radio Mix, P. – Lasch) 3:23 / Alt wie ein Baum (House Radio Mix, P. – Lasch) 2:54 / Alt wie ein Baum (Rave Club Mix, P. – Lasch) 5:33 / Alt wie ein Baum (Happy Club Mix, P. – Lasch) 4:34 / Alt wie ein Baum (Old Like A Tree, Janzik – Janzik/Lasch) 4:58 (erschienen als German Dance Recordings, feat. Die Puhdys) Hansa 2131542-2 – 1995

8. **Sehnsucht**
(Neuversion 1996)
(Birr/Meyer/Scharfschwerdt – Birr)
2:25
erschienen als Promotion-CD
Dakoda 33105-8 – 1996

---

9. **Steh auf und lauf**
(Rudnik – Brozat) 3:38
erschienen als Promotion-CD
Dakoda 33206-8 – 1997

---

10. **Hey, wir woll'n die Eisbärn sehn**
(Birr/Meyer – Birr) 4:19
Leck mich am Arsch
(Birr/Meyer – Künzel) 2:44
H'Arrivederci
(Birr/Meyer – Birr) 4:21
Dakoda 33208-8 – 1997. Maxi-CD erschien mit gleicher Nummer 1998 noch einmal mit einem anderen Cover

---

11. **Bye, bye ...H'arryvederci**
Abschiedslied für Harry
(Birr/Meyer – Birr) 4:21
Leck mich am Arsch
(Birr/Meyer – Künzel) 2:44
Hey, wir woll'n die Eisbärn sehn
(Birr/Meyer – Birr) 4:19
Dakoda 33209-8 – 1997

12. **Leck mich am Arsch**
(Birr/Meyer – Künzel) 2:44
Bye, bye ... H'arryvederci
(Birr/Meyer – Birr) 4:21
Hey, wir woll'n die Eisbärn sehn
(Birr/Meyer – Birr) 4:19
Dakoda 33207-8 – 1997

13. **Hey, wir wolln'n die Eisbärn sehn**
- Titel und Titelreihenfolge identisch mit Dakoda 33208-8
- verändertes Cover
Dakoda 33208-8 – 1997
- Die CD erscheint als Nachpressung mit leicht verändertem Cover
AMIGA 216 399 42 – 1998

14. **Comeback**
Gigolo (Gesang:Mario Adorf) 3:44
(Birr/Meyer – Din)
Gigolo (Gesang:Puhdys) 3:19
(Birr/Meyer – Din)
Promo Single-CD zur Presseveranstaltung 28.10.98, Filmvorstellung »Comeback« (Eigenvertrieb – ca. 150 Exemplare)

15. **Alt wie ein Baum '99**
Alt wie ein Baum '99 (Radio-Mix, Puhdys/Lasch) 3:08; Alt wie ein Baum '99 (Extended-Mix, Puhdys/Lasch) 4:45; Alt wie ein Baum (Turbo-Mix, Puhdys/Lasch) 2:34; Alt wie ein Baum (Live-Mix, Puhdys/Lasch) 3:56; Türen öffnen sich zur Stadt '99 (Birr/ Tilgner) 4:36; AMIGA 216 398 72-1999

CD-ÜBERSICHT ALBEN

1. PUHDYS 12 – DAS BUCH

1. 1984 (Birr/Meyer) 2:05
2. Ich will nicht vergessen (Birr/Meyer – Lasch) 4:12
3. Die Wärme der Nacht (Hertrampf – Tilgner) 3:54
4. Der Angstverkäufer (Birr/Meyer – Taubert) 5:00
5. Die Boote der Jugend (Birr/Meyer – Birr) 3:31
6. Das Buch (Birr/Meyer – Birr) 5:14 FDJ-Chor der EOS »Immanuel Kant« Berlin
7. Rockerrente (Birr/Meyer – Birr) 4:57
8. Niemand wird so wieder werden (Jeske – Din) 4:41
9. Bauernhochzeit (Birr/Meyer – Birr) 3:34
10. Schlaf mit mir (Birr/Meyer – Birr) 3:56
11. Das Märchen (Birr/Meyer – Lasch) 3:56

Pool 8.25911 1984

Die CD erscheint als Nachpressung mit dem AMIGA-Cover:DSB 3222 – 21993 AMIGA 211 92822, 1994

2. PUHDYS – NEUE HELDEN

1. Auf der Fahrt
   (Puhdys – Kowarski) 3:47
2. Kleiner Planet
   (Puhdys – Kowarski) 4:54
3. Neue Helden
   (Puhdys – Kowarski) 4:45
4. Frei wie der Wind
   (Puhdys – Kowarski) 4:11
5. Wüsten-Psalm
   (Puhdys – Kowarski) 4:56
6. Wir sind allein
   (Puhdys – Kowarski) 4:42
7. Lichtermeer
   (Puhdys – Kowarski) 4:28
8. Leben ist kurz70
   (Puhdys – Kowarski) 4:07
9. Der Stier
   (Puhdys – Kowarski) 3:51
10. Herbstwind
    (Puhdys – Kowarski) 3:23

KOCH 322 151 1989

3. DIE PUHDYS

1. Vorn ist das Licht
   (Meyer – Tilgner) 3:32
2. Von der Liebe ein Lied
   (Gotthardt – Tilgner) 4:08
3. Mann im Mond
   (Birr – Tilgner) 2:55
4. Vineta
   (Meyer – Tilgner) 5:47
5. Türen öffnen sich zur Stadt
   (Birr – Tilgner) 5:20
6. Sommernacht
   (Hertrampf/Birr – Tilgner)
   3:29
7. Ikarus
   (Birr – Tilgner) 4:46
8. Geh zu ihr
   (Gotthardt – Plenzdorf) 2:44
9. Wenn ein Mensch lebt
   (Gotthardt – Plenzdorf) 3:25
10. Zeiten und Weiten
    (Wosylus – Tilgner) 4:00

DSB 3167-2 1992

4. PUHDYS

1. Langstreckenlauf
   (Birr – Tilgner) 4:27
2. Lied für Generationen
   (Jeske – Tilgner) 4:13
3. Kinder
   (Birr – Lasch) 3:37
4. Steine
   (Birr – Tilgner) 4:33
5. Scheidung
   (Birr – Tilgner) 3:20
6. Jodelkuh-Lotte
   (Wosylus – Lasch) 4:13
7. Spiel zu weit
   (Hertrampf – Tilgner) 3:52
8. Sonntagsfahrer
   (Birr – Tilgner) 3:18
9. Manchmal im Schlaf
   (Birr – Tilgner) 4:25
10. Die Sonne kennt ihren Weg
    (Birr/Meyer – Tilgner) 3:24

DSB 3168-2 1992

5. PUHDYS – WIE EIN ENGEL

1. Leben ist so oder so (1) (Birr/Meyer – Pannach) 3:05
2. So weit die Füße tragen (Birr/Meyer-Birr/Pannach) 3:14
3. Wie ein Engel (Birr/Meyer – Pannach) 2:47
4. Jenny (Birr/Meyer – Pannach) 3:40
5. Ich leb' noch (Birr/Meyer – Karma) 3:16
6. Morgengrauen (Birr/Meyer – Birr/Pannach) 3:44
7. Schwarz und weiß (Birr/Meyer – Karma) 3:02
8. Der Sonne entgegen (Birr/Meyer – Birr) 3:46
9. Alle Wege (Birr/Meyer – Karma) 3:42
10. Nein (Puhdys – Kowarski) 4:03
11. So wie früher (Birr/Kuntze – Birr) 2:27
12. Wenn ein Mensch lebt (1992) Gotthardt – Plenzdorf) 3:23
13. Tränen und Diamanten (Birr/Meyer – Pannach) 3:54
14. Was bleibt (Birr/Meyer – Pannach) 4:01
15. Leben ist so oder so (2) (Birr/Meyer – Pannach) 3:50

DSB 3034-2 1992

6. PUHDYS – ROCK AUS DEUTSCHLAND OST (DOPPEL-CD)

CD 1

1. Lebenszeit
   (Puhdys – Tilgner) 3:20
2. Geh zu ihr
   (Gotthardt – Plenzdorf) 2:43
3. Ikarus
   (Birr – Tilgner) 4:45
4. Manchmal im Schlaf
   (Birr – Tilgner) 4:24
5. Türen öffnen sich zur Stadt
   (Birr – Tilgner) 5:20
6. Doch die Gitter schweigen
   (Puhdys – Lasch) 4:43
7. Lied für Generationen
   (Jeske – Tilgner) 4:11
8. Wenn ein Mensch lebt
   (Gotthardt – Plenzdorf) 3:23
9. Wenn Träume sterben
   (Puhdys – Tilgner) 4:00
10. Reise zum Mittelpunkt der Erde (Puhdys – Tilgner) 5:52
11. Perlenfischer
    (Puhdys – Tilgner) 4:37
12. Alt wie ein Baum
    (Puhdys – Lasch) 2:44

CD 2

1. Melanie
   (Puhdys – Lasch) 4:25
2. He, John
   (Birr/Meyer – Lasch) 4:15
3. Der Außenseiter
   (Birr/Meyer-Birr/Tilgner) 4:29
4. TV-Show
   (Birr/Meyer – Birr) 3:11
5. Bis ans Ende der Welt
   (Puhdys – Lasch) 3:56
6. Schlaf mit mir
   (Birr/Meyer – Birr) 3:55
7. Schattenreiter
   (Birr/Meyer – Tilgner) 4:10
8. 1984
   (Birr/Meyer) 2:05
9. Ich will nicht vergessen
   (Birr/Meyer – Lasch) 4:12
10. Rockerrente
    (Birr/Meyer – Birr) 4:56
11. An den Ufern der Nacht
    (Birr/Meyer – Lasch) 3:09
12. Das Buch
    (Birr/Meyer – Birr) 5:38

DSB 3089-2 1992

7. PUHDYS – DAS BESTE AUS 25 JAHREN

1. Ich will nicht vergessen (Birr/Meyer – Lasch) 4:12
2. He, John (Birr/Meyer – Lasch) 4:15
3. Ikarus (Birr – Tilgner) 4:45
4. Sehnsucht (Birr/Meyer/ Scharfschwerdt – Lasch) 3:35
5. Lebenszeit (Puhdys – Tilgner) 3:20
6. Bis ans Ende der Welt (Puhdys – Lasch) 3:56
7. Doch die Gitter schweigen (Puhdys – Lasch) 5:03
8. Geh zu ihr (Gotthardt – Plenzdorf) 2:43
9. Alt wie ein Baum (Puhdys – Lasch) 2:44
10. Die Boote der Jugend (Birr/Meyer – Birr) 3:32
11. Wenn ein Mensch lebt (Gotthardt – Plenzdorf) 3:23
12. Die Wärme der Nacht (Hertrampf – Tilgner) 3:54
13. Melanie (Puhdys – Lasch) 4:25
14. Was bleibt (Birr/Meyer – Pannach) 4:01
15. Medley 15 Jahre Puhdys (siehe AMIGA-LP 856 063-064)
16. Rockerrente (Meyer/Birr – Birr) 5:23

DSB 3183 – 21993

Die CD erschien als Nachpressung mit gleichem Cover.
AMIGA 211 92 812 1994

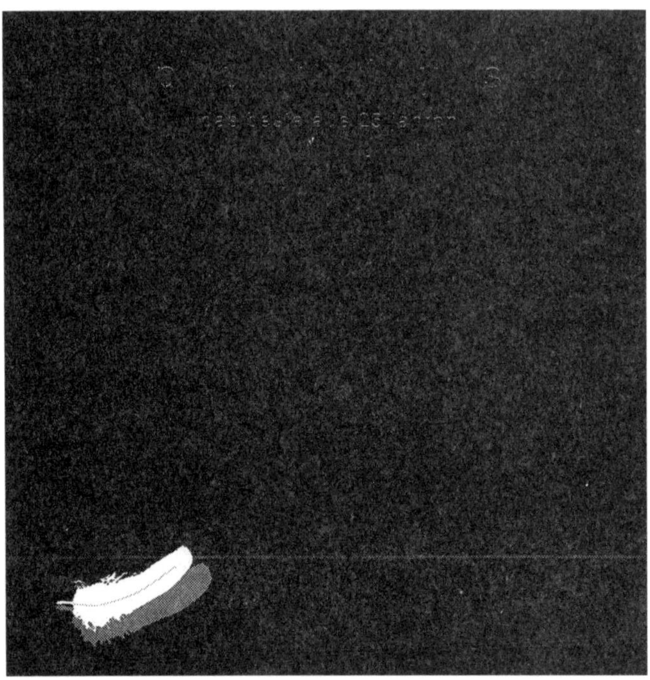

8. PUHDYS – CASTLE MASTERS COLLECTION

1. Rockerrente (Birr/Meyer – Birr) 4:56
2. Geh zu ihr (Gotthardt – Plenzdorf) 2:43
3. Lebenszeit (Puhdys – Tilgner) 3:20
4. Wie ein Engel (Birr/Meyer – Pannach) 2:47
5. Der Außenseiter (Birr/Meyer – Tilgner/Birr) 4:30
6. Lied für Generationen (Jeske – Tilgner) 4:10
7. Steine (Birr – Tilgner) 4:27
8. Alt wie ein Baum (Puhdys – Lasch) 2:45
9. Der Trinker (Birr/Meyer – Lasch) 4:15
10. Das Buch (Birr/Meyer – Birr) 5:10
11. Erinnerung (Puhdys – Tilgner) 3:25
12. Zeiten und Weiten (Wosylus – Tilgner) 4:00
13. Ikarus II (Puhdys – Lasch) 8:13
14. Highway Star (Randie Pie) 4:11
15. Hell Raiser (Chim/Chapmann) 3:18
16. Was bleibt (Birr/Meyer – Pannach) 4:01

Castle CMC 3088 1993

9. PUHDYS 3 – STURMVOGEL

1. Sturmvogel
   (Puhdys – Lasch) 4:21
2. Lebenszeit
   (Puhdys – Tilgner) 3:17
3. Als ich mir wünschte ein Kind zu sein
   (Puhdys – Lasch) 2:28
4. Untermiete
   (Puhdys – Tilgner) 2:36
5. Schlafe ein und fang die Träume
   (Gärtner – Bryzz /dt. T.:Schneider) 4:53
6. Reise zum Mittelpunkt der Erde
   (Puhdys – Tilgner) 5:52
7. Lachen und Schweigen
   (Puhdys – Lasch) 4:00
8. Einsamkeit
   (Puhdys – Tilgner) 4:30
9. Auf dem Wege
   (Puhdys – Tilgner) 4:20
10. Bonustrack:
    Geh dem Wind nicht aus dem Wege
    (Birr – Tilgner) 6:40

DSB 3188.2 1993

10. PUHDYS 4 – ROCK'N'ROLL MUSIC

1. Long Tall Sally / Party / Rock And Roll Music (Johnson/ Penniman – Blackwell/Robinson/Berry) 4:43
2. High School Confidential (Hargrave – Lewis) 2:20
3. Tallahassee Lassie (Slay/Crewe/Piscariello) 2:37
4. I Need Your Love Tonight (Wayne – Reichner) 1:50
5. Brown Eyed Had Some Man (Berry – Berry) 2:00
6. Donna (Valeus – Valeus) 2:55
7. I'm Gonna Love You Too (Mauldin/Sullivan/Petry) 2:20
8. Good Golly Miss Molly (Calhoun – Calhoun) 1:58
9. Do You Want o Dance (Freeman – Freeman) 2:10
10. Hound Dog (Leiber – Stoller) 2:05
11. Sheila (Roe – Roe) 2:00
12. Tutti Frutti (Lubin/Labostrie/ Penniman) 1:45
13. Mean Woman Blues (Metruis – Metruis) 2:05
14. Bye Bye Love (Bryant – Bryant) 2:22

DSB 3200-2 1993

11. PUHDYS 5 – PERLENFISCHER

1. Wilde Jahre
(Puhdys – Lasch) 5:12
2. Sterne verspäten sich nie
(Puhdys – Tilgner) 7:27
3. Spuren der Nacht
(Puhdys – Lasch) 4:36
4. Wenn Träume sterben
(Puhdys – Tilgner) 4:00
5. Perlenfischer
(Puhdys – Tilgner) 4:40
6. Es fällt mir schwer
(Puhdys – Lasch) 7:16
7. Mephisto
(Puhdys – Lasch) 6:31
8. Sei mir nah
(Puhdys – Tilgner) 4:26
9. Bonustrack:
Hell Raiser
(Chinn – Chapmann) 3:18

DSB 3211-2 1993

12. PUHDYS 6 – ZEHN WILDE JAHRE

1. Ikarus II
   (Puhdys – Lasch) 6:08
2. Napoleon
   (Puhdys – Tilgner) 4:29
3. Tausend Meilen von Zuhaus
   (Puhdys – Tilgner) 4:41
4. So nah am Leben, nah am Tod
   (Puhdys – Tilgner) 4:14
5. Falk und Nachtigall
   (Puhdys – Kern) 4:44
6. Auf der Straße in die Nacht
   (Puhdys – Tilgner) 4:10
7. Doch die Gitter schweigen
   (Puhdys – Lasch) 5:02
8. Flieg, Vogel, flieg
   (Puhdys – Lasch) 3:28
9. Hören und sehen
   (Birr – Tilgner) 2:41
10. Bonustrack:
    Highway Star
    (Blackmore/Gillan/Glover/
    Lord/Paice) 4:11

DSB 3212-2 1993

13. PUHDYS LIVE – 25 JAHRE DIE TOTALE AKTION

1. Wilde Jahre (Puhdys – Lasch) 6:09
2. Doch die Gitter schweigen (Puhdys – Lasch) 5:07
3. Wenn ein Mensch lebt (Gotthardt – Plenzdorf) 3:26
4. Perlenfischer (Puhdys – Tilgner) 5:45
5. Alt wie ein Baum (Puhdys – Lasch) 2:54
6. Lebenszeit (Puhdys – Tilgner) 4:03
7. Geh zu ihr (Gotthardt – Plenzdorf) 2:02
8. He, John (Birr/Meyer – Lasch) 5:42
9. Bis ans Ende der Welt (Puhdys – Lasch) 7:01
10. Hiroshima (Morgan – Morgan/dt. T.:Tilgner) 4:28
11. Das Buch (Birr/Meyer – Birr) 5:16
12. Der Außenseiter (Birr/Meyer-Birr/Tilgner) 4:37
13. Rockerrente (Birr – Meyer) 5:30
14. Lolita (Zeisner/Huber/Spiller) 4:19

AMIGA 212 01 30 – 2 1994

14. PUHDYS RARITÄTEN – BESONDERE HITS

1. Susi Baby Twist (Birr – Birr) 2:45
2. Säbeltanz (Chatschaturjan)7:06
3. Aufruf (Birr – Tilgner) 3:52)
4. Geh dem Wind nicht aus dem Wege (Birr – Tilgner) 6:45
5. Steige nicht auf einen Baum (Birr – Tilgner) 5:04
6. Finde den Weg durch's Feuer (Birr – Tilgner) 4:09
7. Unser Lied ist euer Schrei (Puhdys – Kühne) 3:29
8. Wie ein Pfeil (Longversion) (Wosylus – Lasch) 5:01
9. Erinnerung (Puhdys – Tilgner) 3:20
10. Lovedreams (Gotthardt – Tilgner) 7:37
11. Kein Paradies (Puhdys – Lasch) 2:04
12. Wasser und Wein (Heubach – Demmler) 3:49
13. Für die Muttis einen Blumenstrauß (Puhdys – Lasch) 2:39
14. Eine frei erfundene Geschichte (Birr – Birr) 4:05
15. Liebe pur (Jeske – Karma) 3:39
16. Born To Be Wild (Bonfire – Bonfire) 3:56
17. Wir haben immer nur gewartet (Birr/Meyer – Birr) 2:53
18. Alles war so neu (Jeske – Bruhn) 3:11

AMIGA 212 07 232 1994

15. PUHDYS – ZEITEN ÄNDERN SICH

1. Keine Ahnung (Birr – Birr) 3:26
2. Keine Meile tut mir leid (Jeske – Bruhn) 3:29
3. Ich will dich wiedersehen (Scharfschwerdt/Kuntze – Finkenwirth) 3:51
4. Zeiten ändern sich (Birr – Birr) 3:36
5. Deutschland, Deutschland (Scharfschwerdt/Kuntze – Lasch) 3:04
6. Es war einmal (Birr/ Meyer – Pannach) 3:29
7. Halbzeit (Jeske – Bruhn) 3:15
8. Die Show muß weitergehn (Birr/Meyer – Pannach) 3:25
9. Kommen und Gehen (Hertrampf/Mohren – Pannach) 4:48
10. Wir laufen unserem Glück hinterher (Birr – Birr) 3:44
11. Mein Elixier (Hertrampf/ Mohren – Bruhn) 3:21
12. Ich war mal ein Indianer (Birr/Meyer – Birr) 3:06
13. Laß das (Hertrampf/Mohren – Bruhn) 3:38

Dakoda PB – 33050 – 2 1994

16. PUHDYS – HEISS WIE SCHNEE / SCHATTENREITER

1. Nie wieder werde ich weinen um dich
   (Puhdys – Birr) 4:40
2. Melanie
   (Puhdys – Lasch) 4:15
3. Lied für Anja
   (Puhdys – Lasch) 2:15
4. Fern von Zuhaus
   (Puhdys – Lasch) 4:30
5. Weit so weit
   (Puhdys – Tilgner) 2:55
6. Heiß wie Schnee
   (Puhdys – Tilgner) 3:40
7. Bis an's Ende der Welt
   (Puhdys – Lasch) 6:00
8. Die ganze Nacht
   (Puhdys – Birr) 3:35
9. Marathon
   (Puhdys – Tilgner) 4:35
10. Kein Paradies
   (Puhdys – Lasch) 2:05
11. Der Außenseiter
   (Birr/Meyer – Birr/Tilgner) 4:30
12. Wasser und Wein
   (Heubach – Demmler) 3:50
13. Ausgebrannt
   (Birr/Meyer – Lasch) 3:20
14. Was vom Leben bleibt
   (Birr/Meyer – Tilgner) 3:45
15. Im Nebelmeer
   (Birr/Meyer – Tilgner) 4:30
16. Schattenreiter
   (Birr/Meyer – Tilgner) 4:10
17. He, John
   (Birr/Meyer – Lasch) 4:15
18. Männlichkeit
   (Birr/Meyer – Birr) 4:45
19. Der Trinker
   (Birr/Meyer – Lasch) 4:15
20. An den Ufern der Nacht
   (Birr/Meyer – Lasch) 3:10

AMIGA 212 4473 – 2 1994

17. PUHDYS 11 – COMPUTER-KARRIERE

1. Computerkarriere (Birr/Meyer – Birr) 2:29
2. Flieg mit mir (Birr/Meyer – Birr) 3:50
3. Jahreszeiten (Birr/Meyer – Birr) 2:29
4. Stop, Baby, stop (Birr/Meyer – Birr) 3:30
5. Karriere (Birr/Meyer – Birr) 5:18
6. Sehnsucht (Birr/Meyer/Scharfschwerdt – Birr) 3:35
7. TV-Show (Birr/Meyer – Birr) 3:11
8. Computerträume (Birr/Meyer) 3:48
9. Computerman (Birr/Meyer – Lasch) 4:22
10. Hiroshima (Morgan – dt. T. Tilgner) 4:14
11. Schöpfung (Birr/Meyer – Tilgner) 4:49

AMIGA 213 0507 – 2 1995

18. DIE PUHDYS – WAS GUT IST, SETZT SICH DURCH

1. Was gut ist, setzt sich durch (Birr/Meyer – Holzwarth) 2:38
2. Ewig leben (Birr/Meyer – Birr) 2:59
3. Keine Meile tut mir leid (Jeske – Bruhn) 3:29
4. Rockerrente (Birr/Meyer – Birr) 4:56
5. Wenn ein Mensch lebt (Gotthardt – Plenzdorf) 3:23
6. Alt wie ein Baum (Puhdys – Lasch) 2:44
7. Das Buch (Birr/Meyer – Birr) 5:15
8. Was bleibt (Birr/Meyer – Pannach) 4:01

AMIGA 8095 – 21995

19. DIE PUHDYS – DIE HIT-SINGLES (MINOL-CD)

1. Geh zu ihr (Gotthardt – Plenzdorf) 2:44
2. Vineta (Meyer – Tilgner) 5:47
3. Vorn ist das Licht (Meyer – Tilgner) 3:32
4. Ikarus (Birr – Tilgner) 4:46
5. Alt wie ein Baum (Puhdys – Lasch) 2:44
6. Wenn Träume sterben (Puhdys – Tilgner) 4:00
7. Wilde Jahre (Lasch) 5:10
8. Perlenfischer (Puhdys – Tilgner) 4:37
9. Doch die Gitter schweigen (Puhdys – Lasch) 5:03
10. Melanie (Puhdys – Lasch) 4:25
11. Kein Paradies (P- Lasch) 2:05
12. Bis ans Ende der Welt (Puhdys – Lasch) 6:00
13. Was vom Leben bleibt (Birr/Meyer – Tilgner) 3:45
14. An den Ufern der Nacht (Birr/Meyer – Lasch) 3:10
15. Hiroshima (Morgan – dt. T.:Tilgner) 4:14
16. Rockerrente (Meyer – B) 4:57
17. Wie ein Engel (Birr/Meyer – Pannach) 2:47
18. Ewig leben (Birr/Meyer – Birr) 2:59, AMIGA, 213 18022, 1995

20. PUHDYS – BIS ANS ENDE DER WELT

1. Bis ans Ende der Welt (Puhdys – Lasch) 6:00
2. Schlaf mit mir (Birr/Meyer – Birr) 3:56
3. Kein Paradies (Puhdys – Lasch) 2:05
4. Spiel zu zweit (Hertrampf – Tilgner) 3:50
5. Sturmvogel (Puhdys – Lasch) 4:21
6. Eisamkeit (Puhdys – Tilgner) 4:30
7. Wilde Jahre (Puhdys- Lasch) 5:10
8. Das Märchen (Birr/Meyer – Lasch) 3:56
9. Jahreszeiten (Meyer/Birr – Birr) 2:29
10. Perlenfischer (Puhdys – Tilgner) 4:40
11. Melanie (Puhdys – Lasch) 4:25
12. Lolita (Zeiser/Hubert/Spiller) 4:10
13. Der Außenseiter (Birr/Meyer – Tilgner) 4:30
14. Ikarus (Birr – Tilgner) 4:48
15. Rockerrente (Birr/Meyer – Birr) 4:57
16. Sehnsucht (Birr/Meyer – Birr) 3:35

Miller 212 3873 – 2 1995

21. PUHDYS – DAS BESTE AUS 25 JAHREN VOLUME 2

1. Türen öffnen sich zur Stadt (Birr – Tilgner) 5:20
2. Lied für Generationen (Jeske – Tiglner) 4:13
3. Manchmal im Schlaf (Birr – Tilgner) 4:25
4. Wenn Träume sterben (Puhdys – Tilgner) 4:00
5. Nie wieder werde ich weinen um dich (Puhdys – Birr) 4:40
6. Was vom Leben bleibt (Birr/Meyer – Tilgner) 3:45
7. Computerkarriere (Birr/Meyer – Birr) 2:29
8. TV-Show (Birr/Meyer – Birr) 3:11
9. Jahreszeiten (Birr/Meyer – Birr) 2:29
10. Schlaf mit mir (Birr/Meyer – Birr) 3:58
11. Das Buch (Birr/Meyer – Birr) 5:15
12. Rock'n'Roll ist mein Begleiter (Birr/Meyer – Birr) 3:11
13. Ohne Schminke (Birr/Meyer – Birr) 3:38
14. Neue Helden (Puhdys – Kowarski) 4:54
15. Kleiner Planet (Puhdys – Kowarski) 4:54
16. Wie ein Engel (Birr/Meyer – Pannach) 2:47
17. Was bleibt (Birr/Meyer – Pannach) 4:01
18. Bonus-Track:E.C. Hansa – wir lieben dich total (Birr – Birr) 3:30

AMIGA 212 95 322 1995

22. PUHDYS ... PUR

1. Geh zu ihr
   (Gotthardt – Plenzdorf) 2:43
2. Vineta
   (Meyer – Tilgner) 5:47
3. Vorn ist das Licht
   (Meyer – Tilgner) 3:32
4. Die ganze Nacht
   (Puhdys – Birr) 3:35
5. Jodelkuh Lotte
   (Wosylus – Lasch) 4:13
6. Alt wie ein Baum
   (Puhdys- Lasch) 2:44
7. Wenn Träume sterben
   (Puhdys- Tilgner) 4:00
8. Was vom Leben bleibt
   (Birr/Meyer – Tilgner) 3:45
9. Schöpfung
   (Birr/Meyer – Tilgner) 4:49
10. TV-Show
    (Birr/Meyer – Birr) 3:11
11. Flieg mit mir
    (Birr/Meyer – Birr) 3:50
12. Mann im Mond
    (Birr – Tilgner) 2:55
13. Männlichkeit
    (Birr/Meyer – Birr) 4:45
14. An den Ufern der Nacht
    (Birr/Meyer – Lasch) 3:10
15. Sonntagsfahrer
    (Birr – Tilgner) 3:18
16. Kinder
    (Birr – Lasch) 3:37

Miller 213 7089 – 2, 1996

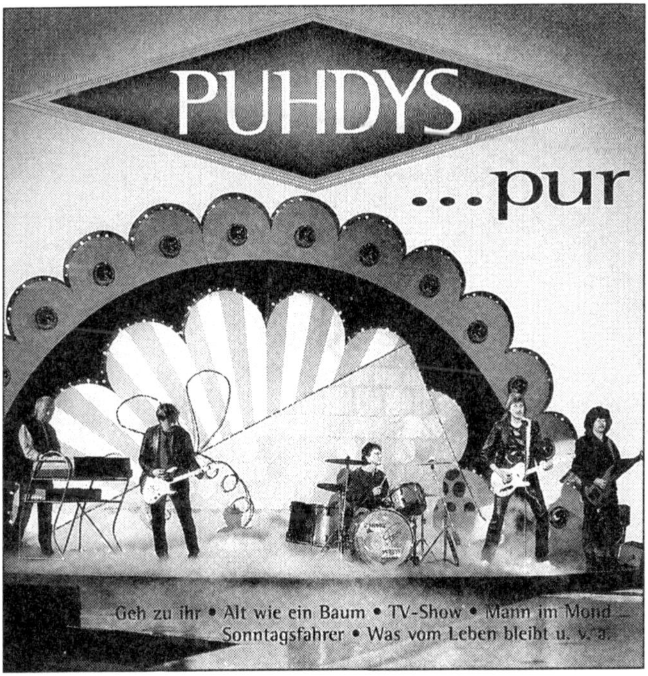

23. PUHDYS – GOLDEN STARS

1. Ich will nicht vergessen (Birr/Meyer – Lasch) 4:12
2. Wenn Träume sterben (Puhdys – Tilgner) 4:00
3. Lebenszeit (Puhdys – Tilgner) 3:20
4. Computer-Karriere /Birr/Meyer – Birr) 2:29
5. TV-Show (Birr/Meyer – Birr) 3:11
6. Wie ein Engel (Birr/Meyer – Pannach) 2:47
7. Wenn ein Mensch lebt (Gotthardt – Plenzdorf) 3:23
8. Das Buch (Birr/Meyer – Birr) 5:15
9. Rock'n Roll ist mein Begleiter (Birr/Meyer – Birr) 3:11
10. Alt wie ein Baum (Puhdys – Lasch) 2:44
11. Wasser und Wein (Heubach – Demmler) 3:50
12. Kein Paradies (Puhdys – Lasch) 2:05
13. Die Boote der Jugend (Birr/Meyer – Birr) 3:32
14. Bauernhochzeit (Birr/Meyer – Birr) 3:35
15. Ohne Schminke (Birr/Meyer – Birr) 3:38
16. Rockerrente (Birr/Meyer – Birr) 4:57
17. Hey John (Birr/Meyer – Lasch) 4:15
18. Geh zu ihr (Gotthardt – Plenzdorf) 2:43

Club Exklusiv, 35 1338, 1996

Cover der LP
Puhdys
»Computer-Karriere«
Pool 6.25433
1983

Cover der Single
»Schattenreiter«
Hansa 103 859-100
1981

Cover der LP
Puhdys 11
»Computer-Karriere«
AMIGA 855 944
1983

Cover der Single
»Hiroshima«
Pool 6.13545
1982

Cover der LP
Puhdys 12
»Das Buch«
AMIGA 856 039
1984

Cover der Single
»Der Außenseiter«
AMIGA 456 485
1981

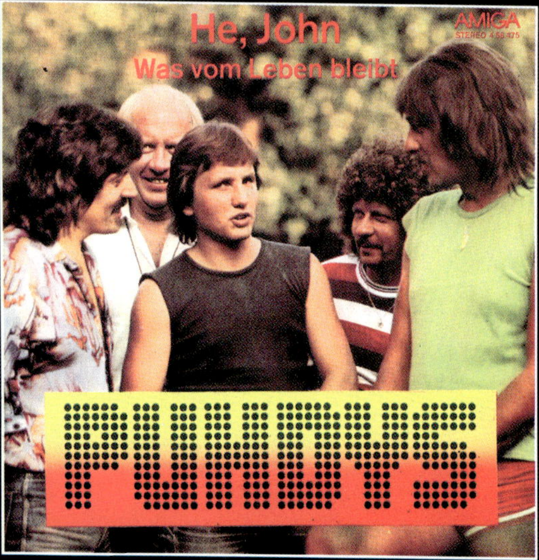

Cover der Doppel-LP
Puhdys 13
»Live in Sachsen«
AMIGA 856 063-064
1984

Cover der Single
»He, John«
AMIGA 456 475
1981

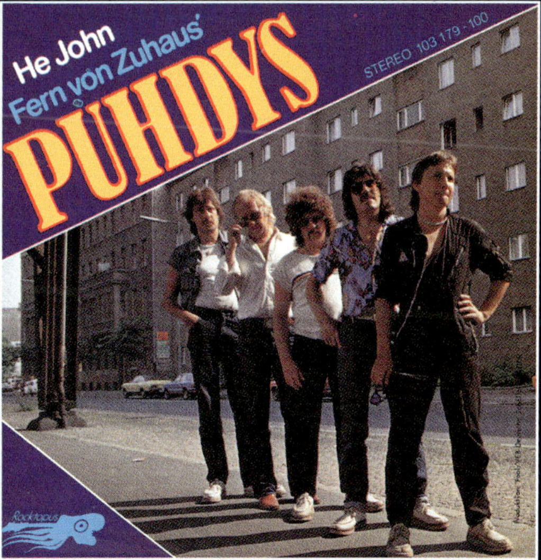

Cover der LP
Puhdys 14
»Ohne Schminke«
AMIGA 856 164
1986
Pool 6.26352
1986

Cover der Single
»He John«
Rocktopus 103 779-100
1981

Cover der LP
Dieter »Maschine« Birr
»Intim«
AMIGA 856 189
1986

Cover der Single
»Eine frei erfundene
Geschichte«
Pool 6.14769
1987

Cover der LP Quaster »Liebe Pur« AMIGA 856 262 1987

Cover der Single »Rock'n'Roll ist mein Begleiter« AMIGA 456 583 1985

Cover der LP
Puhdys 15
»Neue Helden«
KOCH 122 151
1989

Cover-Rückseite
der Single
»Ich will nicht
vergessen«
Pool 6.14195
1984

24. PUHDYS –
DIE SCHÖNSTEN BALLADEN

1. Sehnsucht (Birr/Meyer/Scharfschwerdt – Lasch) 3:35
2. Die Wärme der Nacht (Hertrampf – Tilgner) 3:54
3. Manchmal im Schlaf (Birr – Tilgner) 4:25
4. Mann im Mond (Birr – Tilgner) 2:55
5. Kinder (Birr – Lasch) 3:37
6. Lied für Anja (Puhdys – Lasch) 2:15
7. Im Nebelmeer (Birr/Meyer – Tilgner) 4:30
8. Reise zum Mittelpunkt der Erde (Puhdys – Tilgner) 5:52
9. Schlafe ein und fang die Träume (Gärtner-Beryll-Schneider) 4:53
10. Einsamkeit (Puhdys – Tilgner) 4:30
11. So nah am Leben, nah am Tod (Puhdys – Tilgner) 4:14
12. Flieg mit mir (Birr/Meyer – Birr) 3:50
13. Kleiner Planet (Puhdys – Kowarski) 4:54
14. Schöpfung (Birr/Meyer – Tilgner) 4:49

AMIGA 213 71122 1996

25. PUHDYS – LIVE INFLAGRANTI

1. Kühle Lady
   (Birr/Meyer-Pannach-Maurenbrecher) 4:45
2. Wenn ein Mensch lebt
   (Gotthardt – Plenzdorf) 3:11
3. Keine Ahnung
   (Birr – Birr) 3:17
4. Was bleibt
   (Birr/Meyer – Pannach) 4:40
5. Neue Helden
   (Puhdys – Kowarski) 4:25
6. Wie ein Engel
   (Birr/Meyer – Pannach) 2:53
7. Halbzeit
   (Jeske – Bruhn) 3:24
8. Lied für Anja
   (Puhdys – Lasch) 2:01
9. Nirvana
   (Birr/Meyer – Birr) 3:31
10. Leben ist so oder so
    (Birr/Meyer – Pannach) 5:12
11. Ewig leben
    (Birr/Meyer – Birr) 2:48
12. Zeiten ändern sich
    (Birr – Birr) 3:07
13. Ich will nicht vergessen
    (Birr/Meyer – Lasch) 4:30
14. Leben ist kurz
    (Puhdys – Kowarski) 4:10
15. Alt wie ein Baum
    (Puhdys – Lasch) 4:11
16. Sehnsucht (Studio-Neuversion)
    (Birr/Meyer/Scharfschwerdt - Birr) 2:25
17. Was gut ist, setzt sich durch
    (Birr/Meyer – Holzwarth) 0:58

Dakoda PB 33 100 – 2 1996

Gleiche CD erschien als Promotion-CD mit entsprechendem Aufdruck und ohne Cover.

Dakoda PB 33 100 – 2 1996

Für Eschenbach-Küchen erscheint als limitierte Edition eine weitere Auflage mit anderem Cover. Diese CD enthält zusätzlich einen Werbespot für Eschenbach-Küchen sowie den Titel »Lebenszeit« in einer Version von 1994.
Dakoda PB 33 100 – 2, 1998

26. DIE PUHDYS - SOLO

DIETER »MASCHINE« BIRR

1. Intim
   (Birr/Meyer – Birr) 3:18
2. So ist das Leben
   (Birr/Meyer – Birr) 4:43
3. Und sie trinken ihr Bier
   (Birr/Meyer – Birr) 3:38
4. Prinzenjagd
   (Birr/Meyer – Birr) 3:37
5. Siebenschläfer
   (Birr/Meyer – Birr) 3:20
6. Unser Kind
   (Birr/Meyer – Birr) 3:42
7. Liebesfantasie
   (Birr/Meyer – Birr) 3:03
8. Eine frei erfundene Geschichte
   (Birr/Meyer – Birr) 4:06
9. Eingehängt
   (Birr/Meyer – Birr/Meyer) 3:22
10. Mädchen aus Amsterdam
    (Birr/Meyer – Birr) 4:32
11. Göttin der Liebe
    (Birr/Meyer – Birr) 3:59

»QUASTER«
DIETER HERTRAMPF

12. Liebe pur
(Jeske – Fensch) 3:35
13. Kalte Tage
(Hertrampf – Fensch) 4:06
14. Vögel aus Blei
(Hertrampf – Fensch) 3:58
15. Geheime Zeichen
(Jeske – Fensch) 3:19
16. So nah
(Hertrampf – Fensch) 4:27
17. Rock'n Roll Ballerina
(Hertrampf – Fensch) 3:45
18. Das Eine und das Andere
(Jeske – Fensch) 3:43
19. Die Kugel rollt
(Jeske – Fensch) 3:31
20. Mein Gott
(Hertrampf – Fensch) 2:13
21. Ende meiner Einsamkeit
(Hertrampf – Fensch) 3:02

* Aus Zeit- und Platzgründen konnte der Titel »Altes Mädchen« bei der CD-Veröffentlichung nicht berücksichtigt werden. Er befindet sich ausschließlich auf der LP.
AMIGA, 213 99292, 1996

27. DIE PUHDYS 1 + 2

Die Titel der CD
»Die Puhdys« DSB 3167-2
und
»Puhdys« DSB 3168-2
auf einer CD.

AMIGA 2145333-2 1996

28. PUHDYS – FREI WIE DIE GEIER

1. November im Mai (Birr/Meyr – Birr) 4:15
2. Steh auf und lauf (Rudnik – Brozat) 3:30
3. Laß uns den Rest bewahren (Version:Gesang – Maschine) (Falckner/Scharfschwerdt – Zöllner) 3:00
4. Frei wie die Geier Hertrampf/Mohren – Birr) 4:03
5. Leere Hände (Birr/Meyer – Birr) 3:43
6. Feige, geil und gnadenlos (Birr/Meyer – Brozat) 3:51
7. Vergiß es (Hertrampf/Mohren – Künzel) 3:35
8. Leck mich am Arsch (Birr/Meyer – Künzel) 2:58
9. Tau mich auf (Birr/Meyer – Din/Birr) 3:30
10. Gigolo (Birr/Meyer – Din) 3:20
11. Deine Worte sind stumm (Hertrampf/Mohren – Zöllner) 3:03
12. Laß mich wie ich bin (Rudnik – Brozat) 3:45
13. Laß uns den Rest bewahren (Version:Gesang – Quaster) (Falckner/Scharfschwerdt – Zöllner) 3:38
14. Keinen Tag bereut (Birr/Meyer – Birr/Brozat) 3:00

Dakoda BD 33 205 – 2, 1997

29. HARRY JESKE – DAS SOLOALBUM ... UND TSCHÜSS

1. Lied für Generationen
(Jeske – Tilgner) 4:10
2. Osten
(Schmidt – Jeske) 3:30
3. ... und Tschüß
(Jeske – Jeske) 3:51
4. Abhaun
(Jeske – Jeske) 2:56
5. Das alles bin ich
(Jeske – Bruhn) 2:56
6. 60
(Jeske – Jeske) 3:50
7. Pyramiden
(Jeske – Jeske) 3:12
8. Herzenlied
(Jeske/Odien – Jeske/Bayer) 3:00
9. Halbzeit
(Jeske – Bruhn) 3:13
10. Hände
(Jeske – Jeske) 3:54
11. Wiedersehn
(Jeske – Jeske) 3:47
12. Sechs Null
(Schmidt – Jeske) 2:39

FMD 5401 – 21997

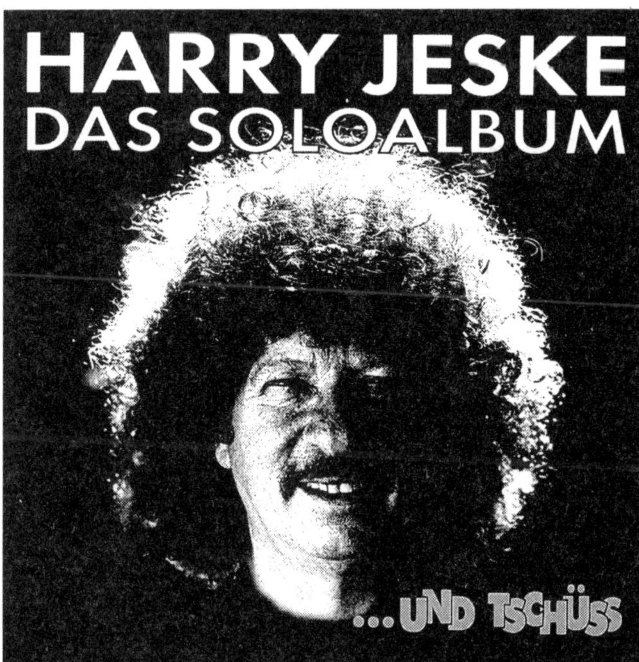

30. PUHDYS – ROCK'N'ROLL MUSIC / JUBILÄUMSALBUM

1. Long Tall Sally / Party / Rock and Roll Music (Johnson/Penniman – Blackwell/Robinson/Berry) 4:43
2. High School Confidential (Hargrave – Lewis) 2:20
3. Tallahassee Lassie (Slay/Crewe/Piscariello) 2:37
4. I Need Your Love Tonight (Wayne – Reichner) 1:50
5. Brown Eyed Hanasome Man (Berry – Berry) 2:00
6. Donna (Valeus – Valeus) 2:55
7. I'm Gonna Love You Too (Mauldin/Sullivan/Petry) 2:20
8. Good Golly Miss Molly (Calhoun – Calhoun) 1:58
9. Do You Want To Dance (Freeman – Freeman) 2:10
10. Hound Dog (Leiber-Stoller) 2:05
11. Sheila (Roe – Roe) 2:00
12. Tutti Frutti (Lubin/ Labostrie/Penniman) 1:45
13. Mean Woman Blues (Metruis – Metruis) 2:05
14. Bye Bye Love (Bryant – Bryant) 2:22
15. Born To Be Wild (Bonfire) 3:57
16. Light My Fire (Morrison/ Manzarek/ Krüger/Densmore) 3:08
17. The Lady in Black (Hensley) 3:43
18. Sunshine Of Your Love (Bruce/Brown/Clapton) 4:01
19. Death Of a Clown (Dovies) 3:17
20. Poor Boy (Presley/Matson) 2:53
21. Rock'n'Roll (Gardon/Langhorn) 3:53
22. Who'll Stop The Rain (Fogerty) 2:20
23. Summertime Blues (Cochran/Capehart) 2:01
24. Teenage Wasteland (Townsend) 3:21
25. A Whiter Shade Of Pale (Brooker) 4:25
26. Black Night (Paice/Glöover/ Gillan/Lord/Blackmore) 3:01
27. Paint It Black (Jagger/Richards) 3:16

AMIGA 215 64 282, 1998

31. PUHDYS - DIE GROSSEN HITS 1969 – 1999

1. Wenn ein Mensch lebt '99
   (Gotthardt – Plenzdorf)
2. Schieß mich ab
   (Birr/Meyer – Birr)
3. Türen öffnen sich zur Stadt '99
   (Birr – Tilgner)
4. Geh zu ihr '99
   (Gotthardt – Plenzdorf)
5. Lebenzeit '94
   (Puhdys – Tilgner)
6. Wenn Träume sterben '99
   (Puhdys – Tilgner)
7. Was bleibt '99
   (Birr/Meyer – Pannach)
8. An den Ufern der Nacht '99
   (Birr/Meyer – Lasch)
9. Süden
   (Scharfschwerdt/Rasym – Birr)
10. Ich will nicht vergessen
    (Birr/Meyer – Lasch)
11. Hey, John
    (Birr/Meyer – Lasch)
12. Doch die Gitter schweigen
    (Puhdys – Lasch)
13. Alt wie ein Baum '99
    (Puhdys – Lasch)
14. Bis ans Ende der Welt
    (Puhdys – Lasch)
15. Rockerrente
    (Birr/Meyer – Birr)
16. Königin
    (Birr/Meyer – Birr)
17. Wie ein Engel
    (Birr/Meyer – Pannach)
18. Steh auf und lauf
    (Rudnick – Brozat)
19. Kleiner Planet
    (Puhdys – Kowarski)
20. Das Buch
    (Birr/Meyer – Birr)

AMIGA 216 36 152, 1999

ÜBERSICHT ÜBER CD-SAMPLER, AUF DENEN DIE PUHDYS VERTRETEN SIND

1. Die schönsten Rockballaden
Teldec 244 092-2, 1987
Was vom Leben bleibt
Alt wie ein Baum
Lebenszeit
Wenn ein Mensch lebt

2. Alt wie ein Baum
Die schönsten Rockballaden Vol. 1
DSB 018 515, 1991
Alt wie ein Baum
Lebenszeit
Wenn ein Mensch lebt

3. Beinhart
Koch 399512 1991
Frei wie der Wind

4. Am Abend mancher Tage
Die schönsten Rockballaden Vol. 2
DSB 018 516, He, John

5. Der Himmel schweigt
Die schönsten Rockballaden Vol. 4
DSB 3140-2, 1992
Perlenfischer

6. Deine Liebe und mein Lied
Die schönsten Rockballaden Vol. 5
DSB 3138-2, 1992
Manchmal im Schlaf

7. Denk ich an Deutschland
SPV 084-88622, 1992
Ich will nicht vergessen
Doch die Gitter schweigen
(beide Titel Neuproduktionen)

8. Gewalt ohne mich
DSB 3114-2, 1992
Ich leb' noch

9. Tanz den Heinz – NDW
DSB 3067-2, 1992
Jahreszeiten

10. Jugendliebe 1
Das waren unsere Hits,
DSB 3094-2, 1992
Diese CD erschien als
Nachauflage mit gleichem Cover
AMIGA 211 9284-2, 1994
Lebenszeit

11. Jugendliebe 2
Das waren unsere Hits
DSB 3158-2, 1993
Diese CD erschien als Nachauflage mit gleichem Cover
AMIGA 211 9585-2, 1994
Wenn Träume sterben

12. Deutscher Demokratischer Beat
Volume 1 (Doppel-CD)
DSB 8010-2, 1993
Vorn ist das Licht

13. Unter der Haut
Die schönsten Rockballaden
DSB 3184-2, 1993
Lebenszeit

14. Rock aus Deutschland
100 % wahrer Osten (Doppel-CD)
Castle CBC 8049, 1993
Gleiche CD erschien als Nachauflage mit anderem Cover unter gleicher Bestell-Nr
Doch die Gitter schweigen

15. Cadillac Vol. 1, DSB 8012-2, 1993 Doch die Gitter schweigen

16. Die Legende von Paul & Paula
OST, Quadriga 1009394, 1994
Wenn ein Mensch lebt
Zeiten und Weiten
Manchmal im Schlaf
Geh zu ihr
Von der Liebe ein Lied
Lovedreams
Ihre Liebe war stark wie der Tod

17. Jugendliebe 3 –
Das waren unsere Hits
AMIGA 211 9286-2, 1994
Alt wie ein Baum

18. Jugendliebe 4 –
Das waren unsere Hits
AMIGA 212 3555-2, 1994
Rockerrente

19. Augenblicke
BMG-Miller 212 3874-2, 1995
Ohne Schminke

20. Hier war ich Kind
18 Hit-Raritäten
AMIGA 212 8808-2, 1995
Die Boote der Jugend
(Neuversion)

21. Jugendliebe – Das Beste
Club Exklusiv 330 928, 1995
Alt wie ein Baum

22. Das Beste aus der DDR
Teil 1 / Rock AMIGA 212 7057-2
1995 Doch die Gitter schweigen

23. Das Beste aus der DDR
Teil 3 / Kult
AMIGA 212 7059-2, 1995
Geh zu ihr

24. Dauerbrenner
Unsere größten Hits, MINOL &
AMIGA 213 2620-2, 1995
Wenn ein Mensch lebt

25. Tanz den Sandmann
MINOL & AMIGA 213 3190-2
1995
Alt wie ein Baum
G.D.R. feat. Puhdys
(Rave Club Mix)

26. Deutsche Rockballaden
Grenzenlos
AMIGA 212 5546-2, 1995
Das Buch

27. Super Illu
Unsere Lieblinge
AMIGA 212 9536-2, 1995
Alt wie ein Baum

28. Beatkiste 4
Barbarossa 01321-2, 1996
Am Fluß die Weide

29. Superbeatkiste 1
Barbarossa 01323-2, 1996
Du braver Soldat
(Maschine und Männer)
Gentleman

30. Deine Liebe und mein Lied
Rock Balladen 1
AMIGA 213 3752-2, 1996
An den Ufern der Nacht

31. Als ich fortging
Rock Balladen 2
AMIGA 213 7622-2, 1996
He, John

32. Wie ein Fischlein unterm Eis
Rock Balladen 3
AMIGA 213 7623-2, 1996
Die Boote der Jugend

33. Ein Lied für die Menschen
Rock Balladen 4
AMIGA 213 7624-2, 1996
Geh zu ihr

34. Unter der Haut
Rock Balladen 6
AMIGA 213 7626-2, 1996
Geh zu ihr

35. Super Illu
Unser Leben in der DDR
AMIGA 214 3759-2, 1996
Wenn ein Mensch lebt

36. Wunsch-Hitparade
Radio Mecklenburg-Vorpommern
Miller 213 4868-2, 1996
Alt wie ein Baum

37. Die DT 64-Story Vol. 1
AMIGA 213 5923-2, 1997
Hören und sehen

38. Die DT 64-Story Vol. 4
AMIGA 214 6147-2, 1997
Sehnsucht
Intim (Dieter Birr)

39. Die DT 64-Story Vol. 6
AMIGA 214 6149-2, 1997
TV-Show

40. Und wir gingen auf uns zu
Liedervereinigung
AMIGA 215 1690-2, 1997
Diese CD erschien in einer Nachpressung mit anderem Cover
Magisches Licht (Dieter Birr)

41. Das Leser-Wunschkonzert der Super TV
Miller 213 8686-2, 1997
Sommernacht

42. Superbeatkiste 2
Barbarossa 013 35-2, 1997
Ewig leben
(Maschine und Männer)

43. BB Radio-Party
Zett Records 76 6001-2, 1997
Alt wie ein Baum

44. Die DEFA-Filmhits
AMIGA 215 3564-2, 1997
Der Abend ist heiß
(Chris & Frank + Puhdys)
Wenn ein Mensch lebt

45. Tanz den Olsen
AMIGA 215 73112, 1998
Alt wie ein Baum
(G.D.R. feat. Puhdys)

46. Treibstoff Vol. 2
Zyx TZ 10003-2, 1998
Hey, wir woll'n die Eisbärn sehn

47. Mitten ins Herz
16 Top-Hits aus dem Osten
AMIGA 216 22862
(nur bei Mc Donalds), 1998
Alt wie ein Baum
Geh zu ihr

48. Die DT 64 Story Vol. 11
AMIGA 214 61542, 1998
Das Buch

49. Fetenkult '98
BMG Ariola 215 4383-2, 1998
Alt wie ein Baum

50. Bärenstarke Ohrwürmer
Die Vierte
NTK-BMG 80 163 1998
Ikarus, Rockerrente

51. Die DT 64 Story Vol. 15
AMIGA 214 61 582, 1999
Vorn ist das Licht

52. Eiskalt - Der Sampler ZWO
Pläne 883 23, 1999
Doch die Gitter schweigen

PRODUKTIONEN, AN DENEN DIE PUHDYS BETEILIGT WAREN

1. Thomas Lück-Kurschatten
   CD »DT 64 Story, AMIGA
   (Komposition:Birr/Meyer)Vol.6

2. Thomas Lück – Mannequin
   (Komposition:Birr/Meyer)

3. Thomas Lück – Elektrisiert
   (Komposition:Birr/Meyer)

4. Thomas Lück –
   Hobbykosmonaut
   (Komposition:Birr/Meyer)

5. Thomas Lück –
   Der Wandersmann
   (Komposition:Birr/Meyer)

6. Thomas Lück –
   Eva von der DEFA
   (Komposition:Birr/Meyer)

7. Thomas Lück – Zeit zu gehn
   (Komposition:Birr/Meyer)

8. Thomas Lück – Feuerwerk
   LP »Feuerwerk«
   (Komposition:Birr/Meyer)
   AMIGA

9. Jaqueline – Im Paradies
   LP »Feuerwerk«
   (Komposition:Birr/Meyer)
   AMIGA

Die Titel 1 bis 9 wurden durch die Gruppe BMO – was »Birr-Meyer-Orchester« heißt – eingespielt.

10. CD und Ralle –
    Tanzend durch die Stadt
    CD »DT 64 Story
    (Komposition:Birr/Meyer)
    Vol. 6« AMIGA

11. Christin D. – PVC
    (Komposition:Birr/Meyer)

12. Die Wildecker Herzbuben –
    Ich hab so großesHeimweh
    CD »Am schönsten
    ist es daheim«
    (Birr/Meyer – Birr)

13. Siegfried Valendy – Medley
    aus 5 internationalen Titeln

– Mit allen Mädchen (ital.)
– Capri (frz.)
– russisches Volkslied
– englisches Volkslied
– Koluibelnaja (russ.)
– Eine neue Liebe ist wie ein neues Leben
– Nur bei Dir

– Vor Dir liegt das Leben
– Sa towo parnja (russ.)
– Papa Joe
– Auf Wiedersehen

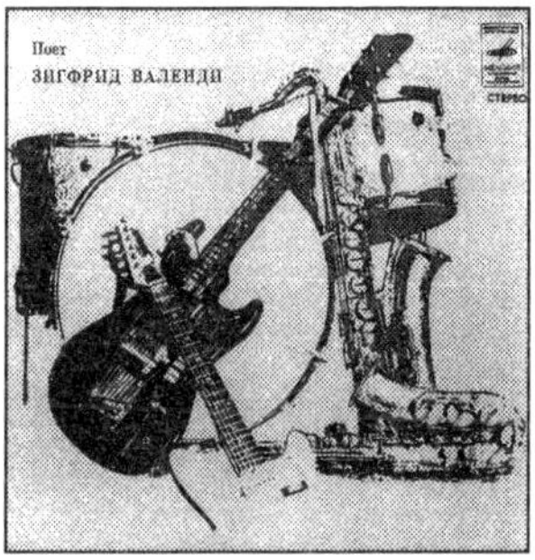

Die gesamte LP wurde bei Melodia von den Puhdys als Begleitband von Siegfried Valendy eingespielt. LP, Melodia, CM 04389-90, 1973 (Diese LP erschien mit verschiedenen Covern.)

14. Petra Zieger & Smokings –
Am Sonntag dieser Welt
(Komposition:Birr/Meyer)

15. Petra Zieger & Smokings –
Tanz im Fieber der Nacht
(Komposition:Harry Jeske)

16. Petra Zieger & Smokings –
Rock'n'Roll Show
(Komposition:Harry Jeske)
Bestandteil der Petra Zieger LP »Traumzeit«
LP AMIGA 856 075 1984

17. Der schneidige Wilhelm -
und seine Hitknacker
Urlaub auf dem Meeresgrund
(Musik:Harry Jeske)
– Alt wie ein Baum (Puhdys)
– Lebenszeit (Musik: Puhdys)
Bestandteil der LP »Unter der Blechpalme« – Der schneidige Wilhelm und seine Hitknacker
LP AMIGA 856 088 1985

18. Kati Steinhöfel & Jokerfee
- Hintertür
(Komposition:Birr/Meyer)

19. Doktor D. –
Das tapfere Schneiderlein
(Komposition:Harry Jeske)

20. Kirsten – Eh Träume sterben
(Komposition:Harry Jeske)

21. Kirsten –
Ich bin kein Blatt im Wind
(Komposition:Harry Jeske)

22. Magdalena –
Liebe war schon immer stärker
(Komposition:Harry Jeske)

23. Tina – Leidenschaft
(Komposition:Harry Jeske)

24. Tina – Sonnenschein im Blut
(Komposition:Harry Jeske)

25. Tina – Taktgefühl
(Komposition:Harry Jeske)

26. Tina & Gruppe A – Z –
Urlaub auf dem Meeresgrund
CD »Super TV«
(Komposition:Harry Jeske)
Wunschkonzert«

27. Chris Doerk –
Ich weine nicht
(Komposition: Hertrampf)

28. Egon
- Dorfrock
– Das Landei
– Schlachtefest
- Landgang
(Komposition:Harry Jeske)
Bestandteil der LP »Eisbein, Bier & Bumsmusik«
LP AMIGA 856 402 1989

29. Helga Hahnemann -
Rockerrente
(Komposition:Birr – Meyer)

30. Rosalili –
Wenn Träume sterben
(Komposition:Puhdys)

31. Amor & die Kids – Geh zu ihr
(Komposition:Puhdys)

32. Die Lords – 1992
(Komposition:Puhdys)

33. IC – He, John
(Komposition:Puhdys)

34. Berluc –
An den Ufern der Nacht
(Komposition:Birr – Meyer)
Bestandteil des Puhdys-Doppelalbum »Jubiläumsalbum – 20 Jahre und kein bißchen leiser«
DLP, AMIGA, 856 447/4481989

35. Dunja Rajter –
An den Ufern der Nacht
(Komposition:Birr – Meyer)

36. Dunja Rajter – Immer wieder
(Komposition:Birr – Meyer)

37. Dunja Rajter –
Und ich liebe dich
(Komposition:Birr – Meyer)

38. Dunja Rajter –
Daß in hundert Jahren
(Komposition:Birr – Meyer)

Bestandteil der Dunja Rajter CD »An den Ufern der Nacht«
CD, DSB-Gala, 0180003, 1991

39. Diverse Interpreten –
Millionen Herzen –
Ein Lied für Berlin
(Gesang u.a. mit
Dieter »Maschine« Birr)
Single DSB 60014 1991

40. Rosalili – Endlich lieben
(Komposition:Birr – Meyer)
weitere zwei Titel wurden von Birr/Meyer aufgenommen und gemischt:
– Armer Hund
– Geh, wenn du gehen mußt

Maxi-CD, Dakoda, PB 588 46-8
1993

41. Haiko der Haifisch –
(Conny und Clemens)
Freunde sind wichtig
Auf dem Grund des Ozeans
Freunde sind wichtig
(Karaoke)
(Musik und Texte:
Harry Jeske)
Maxi-CD, Dakoda, PB 33095-8
1994

42. Haiko der Haifisch –
(Conny und Clemens)
– Haiko der Haifisch
– Man kann's ja versuchen
– Auf dem Grund des Ozeans
– Alles klar
– Was ist denn hier los
– Freunde sind wichtig
–Irgendwann ist jeder ein Held
– Discofassung
(Musik u. Texte:Harry Jeske)
CD Dakoda, PB 33090-2 1994

43. Dritte Wahl –
Wenn ein Mensch lebt

44. Bert'z Rache –
Alt wie ein Baum

45. Abfallsozialprodukt –
Rockerrente

46. Fuckin' Faces –
Der Trinker

47. Dog Food Five – Geh zu ihr!

48. Müllstation – Jahreszeiten

49. Hans am Felsen – Ikarus

50. No Exit – Der Außenseiter

51. Fluchtweg –
Doch die Gitter schweigen

52. Aaargh! –
Lebenszeit
(alles Puhdys-Coverversionen)
CD »25 Jahre Puhdys –
wir feiern mit«
CD Amöbenklang AKCD 05, 1994

53. Fußballfieber – Fußballfieber
(F. A. G.) – Halbzeit
– Einer geht noch rein
Musik und Texte:Harry Jeske
Maxi-CD, Dakoda PB
33075 1995

54. Hans die Geige –
Wenn ich dein T-Shirt wär
– Irish Eyes
– Wenn ich dein T-Shirt war
(Karaoke)
Kompositionen:Harry Jeske
Eine Puhdy-Harry-Komposition
Maxi-CD, Dakoda, PB 33065-8,
1995

55. Dynamofieber – Dynamofieber
(Dynamo & Freundeskreis) –
Halbzeit
– Einer geht noch rein
(Komposition und Gesang:
Harry Jeske)
Musik und Texte:Harry Jeske
Maxi-CD Dakoda PB
33077-8 1996

56. Conny – Ich bin wieder da
(4 verschiedene Mixe) Musik und
Texte:Harry Jeske
Maxi-CD, AO, 10741. 1996

57. Haiko der Haifisch –
ein neues Abenteuer –
(Sarah Klecha & Bastian Vogt)
- Haiko der Haifisch
- Wiederseh'n
– Zauberlied
- Pyramiden
– Das ist das Haiko der Haifisch
Kinderpartygetränk
– Durch den Regen geh'n
– Schwimmen
– Ulf Schlammbacke
– Hände
– Tanzen
– Und Tschüß
– Medley
(Musik und Texte:Harry Jeske)
CDHJ 002-2 1997

58. Hans die Geige –
Das alles bin ich
Komposition:Harry Jeske

59. Hans die Geige – Irish Eyes
Komposition:Harry Jeske

60. Hans die Geige –
Lied für Generationen
Komposition:Harry Jeske

61. Hans die Geige –
Liebe heißt Macht
Komposition:Harry Jeske

62. Hans die Geige – Alles Klar
Komposition:Harry Jeske

63. Hans die Geige – November
Komposition:Harry Jeske

64. Hans die Geige – Mr. Sex
Komposition:Harry Jeske

65. Hans die Geige –
Auf dem grund des Ozeans
Komposition:Harry Jeske

66. Hans die Geige –
Wenn ich dein T-Shirt wär'
Komposition:Harry Jeske

67. Hans die Geige – Kerzenlied
Komposition:Harry Jeske

Bestandteil der Hans-die-Geige-CD »Das alles bin ich«
CDFUN 5405-2 1998

68. Harry Jeske & Erma –
Kerzenlied
– Alle Zeit
– Alle Zeit (instrumental)
Kompositionen:Harry Jeske

Maxi-CD
Heiko Musikverlag 5402-2
1998

ÜBERSICHT ÜBER TITEL, DIE BISHER OFFIZIELL AUF KEINEM TONTRÄGER ERSCHIENEN SIND:

Skinny Minny
Dieser Titel wurde live bei verschiedensten Konzerten gespielt – dazu liegen Konzertmitschnitte vor

Heut Nacht
Dieser Titel wurde am 18.05.1985 in Radio DDR um 22.15 Uhr in der Sendung »Tanz mit bis Mitternacht« uraufgeführt und verschwand in der Folgezeit aus dem Rundfunkprogramm
Text:
Gehn wir oder gehn wir nicht, von der Sehnsucht nach dem Licht heut nacht – heut nacht – live dabei Gehn wir oder gehn wir nicht – ja, wir gehn und sehn das Licht heut nacht – heut nacht – live dabei bunt sind die Stunden – vergehn wie Sekunden – heut nacht in der Revue. Jeder gibt heut was er kann – jeder steht hier seinen Mann heut nacht – heut nacht – live dabei Wird der Beifall kolossal, kommt alles Gute noch einmal heut nacht – heut nacht – live dabei bunt sind die Stunden – vergehn wie Sekunden

Kranich und Schwan
Aus dem Film »Das zweite Leben des Friedrich Wilhelm Georg Platow«

Als wir gestern schieden
Zu diesem Titel sind keine Angaben bekannt

Kastanienbaum
Zu diesem Titel sind keine Angaben bekannt

Wär ich ein Regen
Zu diesem Titel sind keine Angaben bekannt

Kühle Lady (Studioversion)
Bisher nicht veröffentlicht

Nirvana (Studioversion)
Bisher nicht veröffentlicht

Alpträume (Studioversion)
Bisher nicht veröffentlicht

Stones (Steine)
Song For Generations
(Lied für Generationen)
Die englischen Versionen von Steine und Lied für Generationen erschienen nur als Promotion-Single bei AMIGA für den internationalen Markt

Was gut ist setzt sich durch –
Diese Titel sind nur in Zusammenarbeit mit Berliner Biere als Werbespots entstanden Insgesamt sind bisher 7 Werbespots bekannt

Was gut ist setzt sich durch – Hausbau

Was gut ist setzt sich durch – Fußball

Was gut ist setzt sich durch – das wichtige im Leben

Was gut ist setzt sich durch – Rendezvous

Was gut ist setzt sich durch – mit weiblicher Unterstützung

Geh durch das Tor
Filmmusik aus dem Film »Die Legende von Paul & Paula«

Vögel werden singen
Filmmusik aus dem Film »Die Legende von Paul & Paula«

Mephisto (live)
Liegt als Live-Mitschnitt vom 30.03.78 vor

Steine (live)
Liegt als Live-Mitschnitt vom 30.03.78 vor

Lebenszeit
Werbesong
Auszug aus Lebenszeit zur Unterstützung der Werbung von Eschenbach-Küchen

CD-SCHWARZPRESSUNGEN

Bei diesen CD-Veröffentlichungen handelt es sich um Zusammenstellungen, bei denen einige Titel überhaupt das erste Mal auf einem Tonträger erscheinen bzw. erstmalig auf CD veröffentlicht werden. Hersteller sowie Auflagenhöhe sind nicht bekannt.

Bisher sind sechs verschiedene CD-Pressungen bekannt geworden.

1. Puhdys-Raritäten – Was gut ist setzt sich durch

1. Am Fluß die Weide
2. Gentleman
3. Wie ein Pfeil (Single-Version)
4. Wiedersehen
5. Die Boote der Jugend (Version 1987)
6. Du braver Soldat (Maschine und Männer)
7. Ewig leben (Maschine und Männer)
8. Magisches Licht (Dieter Birr-Solo)
9. Hey, wir woll'n die Eisbärn sehn
10. H'Arrivederci
11. Kühle Lady (live)
12. Nirvana (live)
13. Sehnsucht (Version 1996)
14. Stones (Steine)
15. Songs For Generations (Lied für Generationen)
16. Was gut ist setzt sich durch – Rendezvous
17. Was gut ist setzt sich durch – Hausbau
18. Was gut ist setzt sich durch – Fußball
19. Was gut ist setzt sich durch – Das wichtige im Leben
20. Was gut ist setzt sich durch – Berliner Pilsner Song

KLAPA 1998

2. Puhdys – Bonus-Raritäten

1. Zeiten und Weiten (Liveversion 1972)
2. Alpträume (live)

3. Göttin der Nacht (Dieter »Quaster« Hertrampf)
4. Altes Mädchen (Dieter »Quaster« Hertrampf)
5. Wie ein Pfeil (LP-Fassung BRD)
6. Wieviel Liebe
7. Doch die Gitter schweigen (Neuversion 1992)
8. Ich will nicht vergessen (Neuversion 1992)
9. Keine Ahnung (Demoversion)
10. Ewig leben (Clubversion)
11. With A Little Help From My Friends (live)
12. Leidenschaft (Harry Jeske Dance-Projekt)
13. Dancin (Harry Jeske Dance-Projekt)
14. Ist denn alles vorbei (Harry Jeske Dance-Projekt)
15. I Love You (Harry Jeske Dance-Projekt)

16. Der Abend ist heiß (Chris & Frank und die Puhdys)
17. Kurschatten (Thomas Lück und die Puhdys)
18. Im Paradies (Jaqueline und die Puhdys)
19. Feuerwerk (Thomas Lück und die Puhdys)

KLAPA 1998

3. Puhdys – Raritäten Vol. 4

1. Einer geht noch rein (Harry Jeske)
2. Ewig leben (Party-Version)
3. Alt wie ein Baum (instrumental)
4. Melanie (instrumental)
5. Bis ans Ende der Welt (instrumental)
6. Was vom Leben bleibt (live '82)
7. Computer-Karriere (live '83)
8. Das Buch (live '84)
9. Ihre Liebe war stark wie der Tod (Original-Filmmusik)
10. Von der Liebe ein Lied (Original-Filmmusik)
11. Geh' durch das Tor (Original-Filmmusik)
12. Vögel werden singen (Original-Filmmusik)
13. Mephisto (live)
14. Steine (live)
15. Alt wie ein Baum (Happy-Radio Mix)
16. Rockerrente (Helga Hahnemann und die Puhdys)

17. Tanzend durch die Stadt (CD und Ralle und die Puhdys)
KLAPA 1998

4. Puhdys-Raritäten, ... die 5.

1. Was gut ist setzt sich durch (mit weiblicher Unterstützung)
2. Hell Raiser
3. Highway Stars
4. Auf der Oberhofer Höh' (live im »Kessel Buntes«)
5. Manchmal im Schlaf (Melodia-EP-Version)
6. Türen öffnen sich zur Stadt (Melodia-EP-Version)
7. Zeiten und Weiten (Melodia-EP-Version)
8. Long Tall Sally/Party/Rock'n Roll (live)
9. Melanie
10. Far From Home
11. Bis ans Ende der Welt (live)
12. Marathon (live)
13. Hiroshima (live)
14. Puppenmutti
15. Blind geboren
16. Nein (live in Paderborn)
17. Schlaf mit mir (live in Paderborn)
18. Kleiner Planet (live in Paderborn)
19. Alle Zeit (Harry Jeske & Erma)
20. Lebenszeit-Werbesong (Eschenbach-Küchen)

5. Puhdys – live (Doppel-CD)

CD 1 (live 1979 im Friedrichstadtpalast, Berlin)

1. Sturmvogel
2. Perlenfischer
3. Sterne verspäten sich nie
4. Ikarus II
5. Tallahassee Lassie
6. Reise zum Mittelpunkt der Erde
7. Wilde Jahre
8. Alpträume
9. Ikarus
10. Lied für Generationen
11. Doch die Gitter schweigen
12. Lebenszeit

13. Alt wie ein Baum
14. Wenn ein Mensch lebt
15. Bonustrack:Geh zu ihr

CD 2 (live 1984 in der Stadthalle, Karl-Marx-Stadt)

1. Computerman
2. Computer-Karriere
3. Der Außenseiter
4. Schattenreiter
5. He, John
6. Was vom Leben bleibt
7. TV-Show
8. Dr.-Solo & Melanie
9. Medley:15 Jahre Puhdys
10. Alt wie ein Baum
11. Rockerrente
12. Lolita
13. An den Ufern der Nacht
14. Das Buch

1998

6. Puhdys – Vokal- und Instrumental-Ensemble aus der DDR

Titel und Cover identisch mit Melodia-LP 33 C 60-09035-36

HITPARADENPLAZIERUNGEN

DDR-HIT-PARADE TOP 50 VON 1975 BIS 1990

1975

Platz 1	Veronika Fischer & Band	In jener Nacht
Platz 2	Kreis	Doch ich wollt' es wissen
Platz 3	Veronika Fischer & Band	Auf der Wiese
Platz 4	Puhdys	Langstreckenlauf
Platz 5	Schubert Band	Sommer adé
Platz 6	Prinzip	7 m Seidenband
...		
Platz 11	Puhdys	Scheidung
...		
Platz 14	Puhdys	Steine
...		
Platz 29	Puhdys	Spiel zu zweit

1976

Platz 1	Puhdys	Lebenszeit
Platz 2	Veronika Fischer & Band	Hänschen groß
Platz 3	Karat	Suche ein Zimmer
Platz 4	Puhdys	Lachen und Schweigen
Platz 5	Karat	Abendstimmung
Platz 6	Puhdys	Einsamkeit
...		
Platz 38	Puhdys	Scheidung

1977

Platz 1	Puhdys	Erinnerung
Platz 2	City	Am Fenster
Platz 3	Puhdys	Alt wie ein Baum
Platz 4	Puhdys	Wenn Träume sterben
Platz 5	Karat	Märchenzeit
Platz 6	Karat	Das Monster
...		
Platz 9	Puhdys	Perlenfischer

1978

Platz 1	Karat	König der Welt
Platz 2	Karat	Über 7 Brücken muß du gehn
Platz 3	Puhdys	Wilde Jahre
Platz 4	City	Der King vom Prenzlauer Berg
Platz 5	Karussell	Entweder, oder
Platz 6	Stern Combo Meissen	Der weite Weg
...		
Platz 11	Puhdys	Sterne verspäten sich nie
Platz 12	Puhdys	Spuren der Nacht
...		
Platz 15	Puhdys	Perlenfischer

1979

Platz 1	Puhdys	Doch die Gitter schweigen
Platz 2	Stern Meissen	Die Sage
Platz 3	Karat	Wenn das Schweigen bricht
Platz 4	Karussell	Autostop
Platz 5	Magdeburg	Was wird morgen sein
Platz 6	Karat	Gewitterregen
...		
Platz 10	Puhdys	So nah am Leben, nah am Tod
...		
Platz 14	Puhdys	1000 Meilen von Zuhaus
...		
Platz 33	Puhdys	Kein Paradies

1980

Platz 1	Lift	Am Abend mancher Tage
Platz 2	Electra	Erinnerung
Platz 3	Puhdys	Melanie
Platz 4	Karat	Schwanenkönig
Platz 5	Electra	Das Bild
Platz 6	Stern Meissen	Also was soll aus mir werden
...		
Platz 9	Puhdys	Bis ans' Ende der Welt
...		
Platz 18	Puhdys	Heiß wie Schnee

1981

Platz 1	Puhdys	He, John
Platz 2	Karat	Der blaue Planet
Platz 3	Puhdys	Was vom Leben bleibt
Platz 4	Puhdys	Fern von Zuhaus
Platz 5	Stern Meissen	Der eine und der andere
Platz 6	Karussell	Das einzige Leben
...		
Platz 43	Puhdys	Die ganze Nacht

1982

Platz 1	Puhdys	Der Außenseiter
Platz 2	Karat	Marionetten
Platz 3	Stern Meissen	Leben möcht' ich
Platz 4	Stern Meissen	Stundenschlag
Platz 5	Berluc	Glaube an dich
Platz 6	Metropol	... und ich sehn mich nach dir
...		
Platz 9	Puhdys	Jahreszeiten
Platz 10	Puhdys	Schattenreiter
...		
Platz 41	Puhdys	Im Nebelmeer

1983

Platz 1	Berluc	No Bomb
Platz 2	City	Glastraum
Platz 3	Puhdys	Sehnsucht
Platz 4	Silly	Mont Klamott
Platz 5	Puhdys	TV-Show
Platz 6	Stern Meissen	Wir sind die Sonne
...		
Platz 33	Puhdys	Flieg mit mir

1984

Platz 1	Puhdys	Rockerrente
Platz 2	Puhdys	Das Buch
Platz 3	Stern Meissen	Was fang ich an
Platz 4	Berluc	Die Erde lebt
Platz 5	Electra	4 Milliarden in einem Boot
Platz 6	Silly	Ein Lied für die Menschen
...		
Platz 16	Puhdys	Flieg mit mir
...		
Platz 27	Puhdys	Die Boote der Jugend

1985

Platz 1	Perl	Zeit, die nie vergeht
Platz 2	Stern Meissen	Mein Weg
Platz 3	Prinzip	Mama
Platz 4	Puhdys	Schlaf mit mir
Platz 5	Stern Meissen	Starmädchen
Platz 6	Karat	Hab den Mond mit der Hand berührt
Platz 10	Puhdys	Rock'n'Roll ist mein Begleiter

1986

Platz 1	Stern Meissen	Nicht allein
Platz 2	Bummi	Feuer im Eis
Platz 3	IC	Wunderland
Platz 4	Silly	Bataillon d' Amour
Platz 5	Bummi	Eh' die Liebe stirbt
Platz 6	Rosalili	Rosalili
Platz 7	Dieter Birr	Intim
...		
Platz 10	Puhdys	Ohne Schminke
...		
Platz 14	Puhdys	Blind geboren
...		
Platz 37	Puhdys	Lied für einen Fan

1987

Platz 1	City	Casablanca
Platz 2	Karussell	Als ich fortging
Platz 3	Stern Meissen	Ich bin frei
Platz 4	Bummi	Wenn ich dich nicht halten kann
Platz 5	IC	Mann im Mond
Platz 6	Bummi	In der Tiefe der Nacht
...		
Platz 13	Dieter Birr	So ist das Leben
...		
Platz 23	Puhdys	Die Boote der Jugend
...		
Platz 43	Dieter Birr	Prinzenjagd

1988

Platz 1	Rockhaus	I.L.D.
Platz 2	Bummi	Schläfst du schon
Platz 3	Stern Meissen	Schönheit
Platz 4	Bummi	Kalte Augen
Platz 5	Berluc	Ganz nah
Platz 6	Berluc	Nach hause

1989

Platz 1	Rockhaus	Mich zu lieben
Platz 2	Bummi	Lebensroulette
Platz 3	Karussell	Schattenkreuze
Platz 4	Puhdys	Kleiner Planet
Platz 5	Silly	Verlorne Kinder
Platz 6	IC	Regenbogen
...		
Platz 10	Puhdys	Neue Helden
...		
Platz 13	Puhdys	Frei wie der Wind

1990

Platz 1	Rockhaus	Wohin
Platz 2	Keimzeit	Irrenhaus
Platz 3	Karussell	Marie
Platz 4	Merlin	After The War
Platz 5	Viper	Tomp of Lies
Platz 6	Skeptiker	Strahlende Zukunft
Platz 7	Maschine & Männer	Du braver Soldat
...		
Platz 11	Puhdys	Ich will nicht vergessen

COVERTEXTE UND REZENSIONEN

DIE PUHDYS (1974)

Genau am 18.Juni 1971 beendete ich den Text zu dem Titel mit dem die Geschichte der Puhdys und damit eins der Hauptkapitel unserer Beat-Musik begann: TÜREN ÖFFNEN SICH ZUR STADT.

Der Zufall als Weichensteller der Notwendigkeit hatte fünf junge Musiker bzw. Komponisten, längst Geheimtip sachkundiger Anhänger moderner populärer Musik, und einen noch den jüngeren Generationen zurechenbaren Lyriker zusammengeführt. Inzwischen hat zehn »Wilde Jahre« Erfolg unsere Lieder begleitet. Gleichbleibende, ja eher – erlebt man Konzerte mit nachgewachsenen Zuhörern – noch immer zunehmende Anerkennung durch ein breitestes, keineswegs auf die Teens und Twens beschränktes Publikum ist ein gesellschaftliches Phänomen geworden. Und nur jene bringt es zur Verzweiflung, die nicht davon lassen, künstlerische Bedeutung aus einem vorgefaßten Katalog formal-ästhetischer Leistung abzuleiten. Bescheidenheit verbietet es mir selbstverständlich, die Puhdys hinsichtlich ihres Platzes in der populären Musik unseres Landes mit jener berühmten Gruppe zu vergleichen, mit deren Gitarren und Pilzköpfen alles anfing. Doch wenn es überhaupt einen eigenen Beitrag unterhaltender Künste zu unsrer jungen sozialistischen Nationalkultur gibt, und meines Erachtens gibt es den, dann gibt es auch ausreichend historischen Grund, die Langspielplatten der Puhdys von Nummer 1 aus dem Jahre 1974 an noch einmal unter einem gemeinsamen, die Kontinuität aufzeigenden Label wiederaufzulegen. Und zwar ebensosehr zur Freude ihrer Anhänger wie zur Dokumentation eines einzigartigen, nun schon über Länder-. Ja Systemgrenzen hinausreichenden Weges.

Die Geschichte des volkseignen Beats beginnt freilich, auch das muß bei solchem Zusammenhang erwähnt sein, nicht mit den Puhdys. Ich weiß das aus eigner Mitverantwortung. Ehe nämlich unsere Massenmedien Funk, Schallplatte und Fernsehen (in dieser Reihenfolge, was die Größe ihres Beitrags und was ihre Pionierrolle betrifft) sich jener moderner Musikrichtungen annahmen, die sich am ehestenauf den gemeinsamen Nenner ihres elektronisch verstärkten bzw. elektronischen Instrumen- tariums bringen lassen, waren viele Wege und noch mehr Umwege nötig. Schon 1964 brachten wir im Friedrichstadtpalast die legendären Sputniks geschickt in einem Programm unter. Am gleichen Ort gab es damals den beliebten AMIGA-Cocktail: inmitten eher traditioneller Schlagersounds deuteten die Sputniks oder das Franke-Echo-Quartett die neue Linie an.

1967 sang Thomas Natschinski mit seiner ersten Formation, dem Team 4, »Schlager und Chansons unserer Zeit«, die wir klugerweise schrieben, jene von der gleichzeitig entstehenden Singebewegeung beeinflußten Lieder, die vielen noch ziemlich neuartig in den Ohren klangen. Dies alles und viel, viel mehr, geduldet, behindert und gefördert, war eine großartige Probierstube, in der fremdes kopiert, variiert, fermentiert wurde, sich endlich schöpferisch mit Eignem zu Eignem verband.

Der Aufstieg der Puhdys – dieser Begriff sei erlaubt – markierte das Ende des Versuchsstadiums. Eine neue Kunstrichtung hatte sich durchgesetzt, war erwachsen geworden. Sie konnte sich auf alles stützen, was der mündige DDR-Bürger, und speziell der junge, für wichtig hielt, um es auszusprechen, auszudrücken, zu artikulieren: laute, aber eigne Klänge, die seine Gefühle trafen und betrafen; Worte, die nicht mehr fremden Gehirnen entsprangen, sondern ihm aus dem Herzen kamen. Viele Begriffe sind seitdem bemüht worden, um diese Kunst in ihrer Einheit aus vollem Genuß und voller Erkenntnis exakt zu beschreiben. Für mich als Mitwirkenden, Beteiligten war immer nur eine Tatsache wichtig: die mitreißende und nie angerissene Verbindung einer die Massen unterhaltenden Kunst einerseits mit gesellschaftlich bedeutsamen, den Menschen in seinem letzten und ganzen Wesen ergreifenden Aussagen andererseits.

Schon mit TÜREN ÖFFNEN SICH ZUR STADT zeigte sich: der härteste Rhythmus, der heißeste Sound war nicht mehr dazu da, die Leute mit geistiger Schonkost abzuspeisen. IKARUS, VINETA, ZEITEN UND WEITEN (1973), aber vergessen wir nicht Lieder wie MANCHMAL IM SCHLAF, GEH DEM WIND NICHT AUS DEM WEGE (1971) oder FINDE DEN WEG DURCH'S FEUER (1972), beschrieben in Bildern, Geschichten, pointierten Formulierungen eine eindeutige Umwelt, nicht mehr eine illusionäre Traumwelt, zeigten auf Niederlagen wie auf Siege, auf das Noch und das Schon, auf uns, wie wir sind und wie wir sein möchten. Für unzählige junge Leute wurden diese Lieder die erste oder sogar die einzige glaubhafte ästhetische Eroberung sozialistischen Lebens. Und je mehr der Sozialismus in den Alltag hinüberwuchs, desto besser lernte man zwischen Überzeugung und Phrase zu unterscheiden. Der Mensch sehnt sich nach Grund-Sätzen. Aber das sind Sätze, die er nicht alle drei, vier Jahre ändern möchte. Vielleicht ist der innerste Wirkungskern unserer Lieder, daß wir nie von bloßer Opposition oder Opportunität ausgingen, den zwei allzu situationsbedingten Geschwisterkindern raschen Ruhms, sondern einzig von dem, was sich auf Dauer durchsetzt: die eigne Überzeugung, sicher begrenzt, aber die alle Möglichkeiten abfordernd. Unter solchen Bedingungen hat eine Schaffenskonzeption dann eine Spannweite, die sowohl Lieder wie WENN EIN MENSCH LEBT und GEH ZU IHR von Gotthardt/Plenzdorf aus einem der erfolgreichsten DEFA-Streifen der 70-er Jahre »Legende von Paul und Paula« einschließt als auch unsern Hit zu den X.Weltfestspielen VORN IST DAS LICHT. Sie stehen unter einem Stern.Heute kann man leicht sagen, daß es unser Glücksstern war. Aber leichthin kann das nur sagen, wer die Schwierigkeiten nicht kennt oder nichtmehr wahrhaben will, die den Entstehungsprozeß der ersten Puhdys-LP begleiteten. Mißerfolge waren zu verbuchen, allzu Eklektizistisches, verquollen Experimentelles mußte abgestreift werden, die Entscheidung für's einfache Lied, für den schlagkräftigen Rock-Titel mußte sich festigen, manches Vorurteil war abzubauen.

Wolfgang Tilgner (1980)
Covertext der AMIGA LP 855 348 –
Die Puhdys – (1974) in der Nachpressung von 1982

PUHDYS (1975)

Das ist also die »zweite« Platte der Puhdys. Kaum einer wird fragen, warum ich »zweite« in Gänsefüßchen setzte. Jeder weiß, daß die zweite Platte selbstverständlich schlechter ist als die erste. Zumindest glaubt das jeder. Auch über die zweite Puhdys-LP hat man 1975 ziemlich abfällig geredet, gekauft hat man sie allerdings nicht minder als die vorangegangene. Die Presse hat sich relativ wohlwollend verhalten – nur das Jugendmagazin »Neues Leben« verriß alles: Texte, Kompositionen, die Interpretation. Was ist eigentlich an der Sache mit der »zweiten« Platte dran ? Ganz einfach: sie trägt die Last der gespanntesten Erwartung.

Inzwischen waren die Puhdys ja einhellig unsere »populärste« Rockformation geworden, unbeschadet der Bedeutung der anderen namhaften Gruppen und wozu die Um-Gruppierungen in der Szene alsbald das Ihre beitrugen. Wer aber an der Spitze steht, muß sich immer wieder selbst überbieten. Nachdem auf der soliden Basis der Produktionen, Sendungen und Wertungen des Rundfunks sowie der verdienstvollen alljährlichen »Rhythmus«-Aktionen die »Hallo«-Serie seit 1972 das regelmäßige Erscheinen von Langspielplatten mit volkseigener Beatmusik durchgesetzt hatte, zogen die jeweils ersten Porträt-Platten der Gruppen die künstlerische Bilanz meist eines ausreichend langen Zeitraums.

Die Titel der ersten Puhdys-LP waren das Ergebnis dreijährigen Schaffens gewesen. Denn vor jeder mechanischen Vervielfältigung sicherten die eigenen Kompositionen das notwendige Repertoire für die Konzerte, für die Tanzveranstaltungen, deren Zahl im ganzen Lande sprunghaft zunahm. Das war und blieb ja das Hauptbetätigungsfeld für die Gruppen, auch der Puhdys. Sie hatten das massenhafte Bedürfnis nach Veranstaltungen zu befriedigen. Und wollten sie etwas besonderes werden, mußten sie ihre kreativen Fähigkeiten beweisen. Nicht die Lautstärke, nicht Stilvorgaben hatte die Revolution der populären Musik durch die bisher nachgespielten Vorbildgruppen auch uns in der DDR gelehrt, sondern dies: wirkliche Rock-Musiker reproduzieren nicht fremde Lieder, sie produzieren eigene. Und ihr Anteil muß ständig wachsen. Im unmittelbaren Interesse des Reifens einer eigenständigen populären Rock-Musik, wenn sie sich auch im internationalen Vergleich diesen Namen verdienen wollte. Daß dabei der Sprung von den englischen zur deutschen Sprache vollzogen werden mußte, war nur logisch: was eigentlich sollte ein deutsches Publikum von deutschen Dichtern anderes verlangen ?

Die Dominanz der englischen Sprache in der Rock-Musik hatte primär nichts mit der Kunst in ihr zu tun, sondern drückte nur die Vorherrschaft der angloamerikanischen Unterhaltungsmusik-Konzerne im Weltmaßstab aus. Wären das die italienischen gewesen, hätte es einen Sprung von der italienischen zur deutschen Sprache gegeben. Und hier liegt auch der Grund, weshalb wir in der DDR die Nase vorn hatten, was unsere Muttersprache betrifft: wir wollten Kunst und nur Kunst machen, aber Kunst ist national, und eine nationale Kunst bedient sich der Sprache des eigenen Volkes. Wo dagegen Kunst nur ein Nebenprodukt des Profits ist, ist natürlich die Sprache wichtiger, die den größeren Markt sichert. Und das ist das Englische, falls man nicht mit Dabdudei auskommt. Erst als in der BRD die Entstehung einer

Cover der Doppel-LP
Puhdys
»Jubiläumsalbum«
AMIGA 856 477-448
1989

Cover der Single
»Frei wie der Wind«
KOCH 145.606
1989

Cover der LP/CD
Puhdys
»Wie ein Engel«
DSB 4034-1/2
1992

Cover der Single
»Big Hits 1975 – 85«
Teldec 2292-47472-7
1987

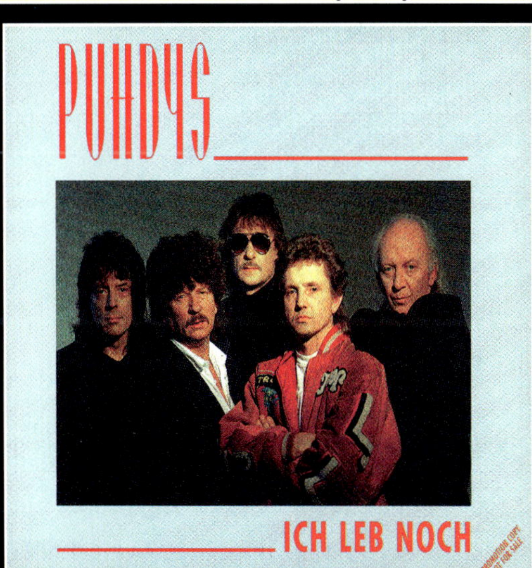

Cover der Doppel-CD
Puhdys »Rock aus
Deutschland Ost«
DSB 3089-2
1992

Cover der Maxi-CD
»Ich leb noch«
DSB-Promo
1992

Cover der CD Puhdys »Castle Masters Collection«
Castle CMC 3088
1993

Cover der CD Puhdys »Raritäten - Besondere Hits«
AMIGA 212 07 232
1994

Cover der CD Puhdys
»Zeiten ändern sich«
Dakoda PB-33050-2
1994

Cover der CD Puhdys
»Was gut ist,
setzt sich durch«
Berliner Biere/AMIGA
8095-2
1995

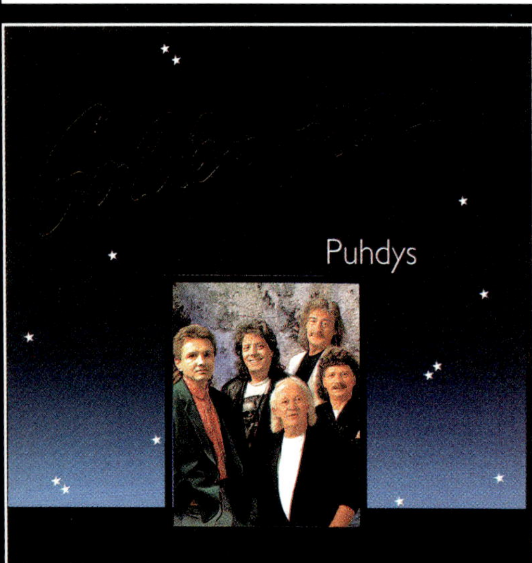

Cover der CD Puhdys »Die Hit-Singles« MINOL/AMIGA 213 18022 1995

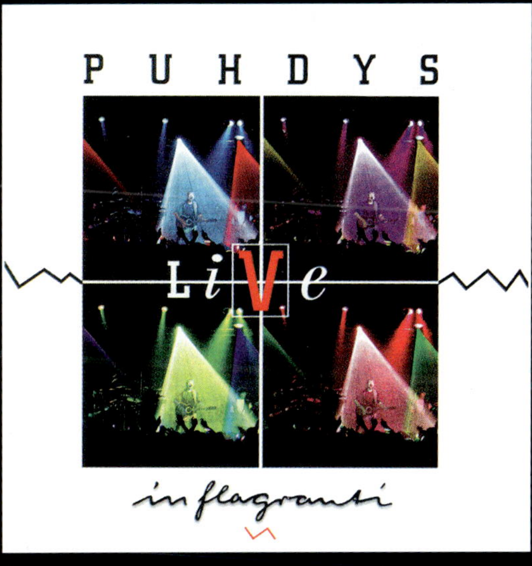

Cover der CD
»Die schönsten Balladen«
AMIGA 213 71 122
1996

Cover der CD
»Live Inflagranti«
Dakoda PB 33 100-2
1996

Cover der CD Puhdys »Frei wie die Geier« Dakoda BD 33 205-2 1997

Cover der CD Harry Jeske »Das Soloalbum ... und Tschüss« FMD 5401-2 1997

populären Musik sozialistischer deutscher Nationalität als Bedrohung empfunden wurde., durften deutschsprachige Gruppen nachziehen. So weit zu dieser vieldiskutierten Frage, weil wir nie vergessen dürfen, welche komplizierten künstlerischen und kulturpolitischen Vorgänge sich abspielten, als die Rock-Musik der Puhdys und anderer Gruppen den zentralen Platz im Gesamtgefüge der populären Musik in der DDR zu erobern sich auf den Weg gemacht hatte. Die »zweiten« Platten sind deshalb problematisch und oft wirklich auch schwächer, weil sie einen entscheidenden Sprung in der Produktionsweise des Künstlers darstellen. Mit dem Sammeln des zu verschiedenen Gelegenheiten – sozusagen MANCHMAL IM SCHLAF – entstandenen Repertoires begann er und landet jetzt bei harter Berufsarbeit, beim LANGSTRECKENLAUF. Schöpferisch sein zu müssen in einer begrenzten Entwicklungs- und Studiozeit, das krempelt völlig um.

Doch auch wer damals Einwände gegen diese Platte hatte, muß heute feststellen: eigentlich erst mit ihr begann die Reihe der Puhdys-LP, in der sich ein Album nahtlos an das andere fügte, unter Nichtvernachlässigung des Wichtigsten, des ständigen Umgangs mit dem Publikum im Saal. Das Kunsturteil über ein aktuelles Werk ist ohnehin begrenzt. So hielt man es damals für gut, Titeln mit heiteren Sujets wie KINDER oder JODELKUH-LOTTE besonders zu applaudieren. Heute ist aber klar, daß das Publikum von der Rock-Musik und ihren Texten vor allem nicht auf alte, abgenutzte Weise berührt sein wollte und will. Sicher wünschte man Unterhaltung, doch aber zugleich ernsthafteste Aussagen über das menschliche Leben, eingespannt zwischen Liebe und Tod. Inzwischen haben sich immer wieder jene Lieder als dauerhaft erwiesen, die eine Art Signalformulierung besitzen und damit Signalwirkung auf die Gesellschaft ausüben. Sie gehen in das Bewußtsein des Volkes ein, daß sicher gern lacht, aber nicht gekitzelt werden will, wenn ihm nicht danach ist. Das ist ein hohes Maß, vor dem vieles nicht besteht. Eine genügende Anzahl von Liedern aber der »zweiten« Puhdys-LP erfullt diesen Anspruch, und so wird ihre Wiederauflage gewiß weniger, zumindest differenzierteren Widerspruch finden als ihr Erscheinen 1975.

Wolfgang Tilgner (1980), Covertext der AMIGA LP 855 404
– Puhdys – (1975) in der Nachpressung von 1982

PUHDYS – STURMVOGEL (1976)

Die dritte Puhdys-LP kam erstmals 1976 heraus; statt einer nichtssagenden Numerierung trug sie endlich einen Titel. Und was für einen ! Noch viele Jahre bildete der STURMVOGEL einen der Höhepunkte an Enthusiasmus in den öffentlichen Konzerten. Darum bin ich sicher, daß die Wiederauflage dieser Scheibe viele offen gebliebene Kaufwünsche erfüllen wird; seinerzeit erreichte die Auflagenhöhe bei weitem die jeder vorangegangenen und folgenden Platte. Außerdem sind inzwischen viele Jahrgänge potentieller Puhdys-Anhänger nachgewachsen. Im Nachhinein ist offensichtlich, daß die LP STURMVOGEL einige der wichtigsten und dauerhaftesten Puhdys- Titel vereinigte. So bringt sie alle Lieder, mit denen die Puhdys drei Plätze unter den zehn Spitzentiteln des Jahres 1976 belegten, das damit eins der erfolgreichsten in der Geschichte dieser Gruppe wurde. Das waren EINSAMKEIT, LACHEN UND SCHWEIGEN und schließlich der absolute Spitzenreiter LEBENSZEIT, alles melodiebetonte, eher intime als rockige Lieder, deren Popularität ebenso für die Vielseitigkeit und Entwicklungsfähigkeit der Autoren wie für den Geschmack des Zuhörers spricht.

Letzteres bewerte ich seiner gesellschaftlichen Bedeutung wegen natürlich am höchsten. Mit solchen Titeln veränderte sich überhaupt die Struktur des Publikum und des Beat in der DDR insgesamt, der endlich international vergleichbar geworden war. Außer ihrem ursprünglichen Zielpublikum erreichte diese Musik, erreichten diese Texte mehr und mehr alle Altersgeschichten. Und erst damit löste sich die Rockmusik aus einer oft engen, starren, manchmal eher psychologisch als künstlerisch bedingten Spezifik und wurde zu einer gesamtgesellschaftlich bedeutsamen Kunstgattung. Sie offenbart Flexibilität, wurde Allgemeingut, befriedigte alltägliche Kunstbedürfnisse und gewann an Kommunikationsbereitschaft zu anderen Genres der unterhaltenden Musik, etwa zum Chanson, zum politischen Lied, zu jazznahen Stilen, konnte einerseits entdeckungsfreudig voranschreiten und andererseits befruchtende, revolutionierende Einflüsse ausüben, trug Vorurteile ab, legte früher gern verheimlichte Beziehungen, musikalische Verwandtschaften offen; nicht ohne Grund enthält diese Platte den einzigen – sieht man von den Rock'n' Rolls ab – von den Puhdys nachgespielten Titel, das polnische Lied SCHLAFE EIN UND FANG DIE TRÄUME, das doch wohl eher nach Schlager als nach Rock schmeckt.

Zielgenauigkeit und realistische Allgemeingültigkeit sind seither zwei Komponenten, die populäre Musik gemeinsam bedienen muß; beide sorgen für ihre Lebensnähe und damit Lebendigkeit. Und es ist gut, wenn Lieder wie LEBENSZEIT, wenn Poesie mit Hilfe der Musik sich heute auch der Massenmedien, dieser unersetzlichen technischen Multiplikatoren bedienen kann im Interesse einer wahrhaft demokratischen Kultur und Gesellschaft. Nicht von ungefähr oder mangels eigener Ideen verdanken zwei andere, ebenfalls populär gebliebene Titel dieser Platte berühmten literarischen Themen ihre Entstehung. Der rockige Titelsong STURMVOGEL nach Maxim Gorkis berühmten Poem und der mystisch angehauchten REISE ZUM MITTELPUNKT DER ERDE nach Jules Verne, zwei Schöpfungen, die auch heute noch nicht aus Puhdys-Konzerten wegzudenken sind, zeigen die Möglichkeit eines echten Zwiegesprächs, eines nützlichen Dialogs zwischen jeder Art Dichtung. So wird diese Scheibe nicht nur für den Puhdys-Fan, sondern darüber hinaus für den allgemein am Kunstgeschehen in der DDR interessierten Zeitgenossen wichtig sein, dokumentiert sie doch den Leistungsstand der Gruppe, deren Namen zum Synonym des DDR-Rocks geworden ist, in einem Jahr, das ihre Ausnahmestellung durch mancherlei weitere Anerkennung sichtbar machte.

1976 erhielten Peter Meyer, Dieter Birr und Dieter Hertrampf, Gunther Wosylus und Harry Jeske die Goldmedaille des Interpretenwettbewerbs unserer Unterhaltungskunst, 1976 begannen sie mit ihren Gastspielen im kapitalistischen Ausland, 1976 nahmen sie mit »durchschlagendem Erfolg« wie man in den Zeitungskritiken nachlesen kann, am Abschlußkonzert »Rhythmus'76« im Palast der Republik teil. Ich lasse das deshalb nicht unerwähnt, weil die Teilnahme der Puhdys an zentralen und offiziellen kulturellen Ereignissen in den ersten fünf Jahren ihres Bestehens nicht allzu häufig war, eine Nebenerscheinung, die auf ihre Art zum hartnäckigen Zusammenhalt, zum eingeschworenen Fleiß beitrug, wovon der STURMVOGEL frisch wie eh und je zeugt.

Wolfgang Tilgner (1981)
Covertext der AMIGA LP 855 454
– Sturmvogel – (1976) in der Nachpressung von 1982

ROCK 'N' ROLL MUSIC (1976)
Fünf Fragen die 4. betreffend

Die 4. Langspielplatte der Puhdys ist selbstredend gemeint. Oder genauer: Die Neuveröffentlichung von Puhdys – »Rock'n' Roll Music«. Das Gespräch aus diesem Anlaß fand mit Keyboarder Peter Meyer im AMIGA-Studio statt, zwischen zwei Produktionsterminen für die mittlerweile bereits 11.Puhdys-LP. Ein Zufall zwar, doch ist es nicht ohne Reiz, wenn man von solch zukunftsgewandtem Aktivposten aus zurückblickt. Also wie war das, als 1977 die LP »Rock'n' Roll Music« erschien, da lagen doch bereits drei Puhdys-Langspielplatten von anerkannt eigenständiger künstlerischer Handschrift vor. Weshalb danach ein Rückgriff auf Erfolgserprobtes?

Peter Meyer: Der Rock'n' Roll ist ja die Musik, mit der wir alle in irgendeiner Weise mal angfangen haben, die uns beeinflußt hat, Freude am musizieren weckte und einige von uns auch direkt zum Beruf geführt hat. Unsere Gitarristen zum beispielsweise haben irgendwann mal eine Klampfe in die Hand bekommen und dann natürlich erstmal versucht das zu spielen, was damals dem Zeitgeist und ihrem eigenen Geschmack entsprach. Als sich die Puhdys formierten, da hatte die Rock'n' Roll Zeit ihren Höhepunkt schon überschritten. Aber irgendwann haben wir uns dann später an diese Musik erinnert und einfach mal ein Rock-Medley für unsere Live-Konzerte zusammengestellt. Und das hat uns auf der Bühne und den Leuten im Saal dann solch einen Mordsspaß bereitet, daß wir auf die Idee kamen: Mensch, da machen wir eine Platte draus.

Ein Medley macht ja nun noch lange keine LP. Wie ist es zur Titelauswahl der Platte gekommen ?

Peter Meyer: Es gibt ja unheimlich viele Rock'n' Roll Titel, doch wir haben versucht, solche zu finden, die zum musikalischen Stil unserer Gruppe und zum Charakter der Gesangsstimmen passen. Aber nicht die Titelauswahl und – zusammenstellung war das Komplizierteste an der Arbeit, sondern die Beschaffung der Texte. Denn die mußten wir teilweise von ziemlich alten Aufnahmen und abgespielten Platten »abhören«. Und dazu haben die Kumpels manchmal auch noch ganz schön genuschelt oder nur lalala gesungen – es war gar nicht so einfach. In dieser Zeit spielten wir zufällig bei einem Rock-Festival in Finnland gemeinsam mit Chuck Berry. Also haben wir ihn kurzerhand abends im Hotel solange bekniet, bis er uns den Text von »Brown Eyed Handsome Man« aufgeschrieben hat. Aber er bekam ihn auch nicht mehr ganz zusammen, weil er den Titel schon seit ein paar Jahren nicht mehr gesungen hatte. Letztendlich aber ist es uns mit viel Mühe und der Hilfe von Freunden und Kollegen doch gelungen, die authentischen Texte aller Titel rauszubekommen.

»Puhdys – Rock'n' Roll Music« war beim Publikum ein großer Erfolg, der sich beispielsweise auch darin ausdrückte, daß Eure Gruppe im Erscheinungsjahr der LP zum sechsten Mal hintereinander von den Lesern des Jugendmagazins »neues leben« zur populärsten Rockgruppe gewählt wurde. Aber was haben die Fachleute gesagt, immerhin waren es durchweg nachgespielte Titel ?

Ich kann mich eigentlich an keine Vorwürfe erinnern. Nun wollten wir uns ja auch von vornherein vom Original abheben und ein Stück eigene künstlerische Handschrift in Neuarrangements und Interpretation einbringen. Es ist für uns natürlich schwer zu entscheiden, inwieweit das gelungen ist. Auf alle Fälle aber gab es damals und gibt es heute noch Zustimmung vom Publikum.

Würden die Puhdys auch heute noch fremde Musik nachspielen ?

Peter Meyer: Das kommt auf die jeweilige Aufgabenstellung und natürlich auf die Musik an. Wir haben ja beispielsweise auch mal »Hell Raiser« produziert. Und da lautete der Auftrag: ganz genau nachmachen. Das war damals, am Anfang unseres Weges, vielleicht noch möglich, heute würde ich es als Rückwärtsentwicklung betrachten. Das heißt aber nicht, daß man nicht gute Titel anderer Gruppen übernehmen und eigenschöpferisch neu arrangieren und auf eine andere Art interpretieren kann. So etwas halte ich für völlig legitim und interessant.

Covertext der AMIGA LP 855 513 – Rock'n' Roll Music (1976)
in der Nachpressung von 1982, Das Gespräch führte Detlef Plog

PUHDYS – PERLENFISCHER (1977)

Die Ausbeute an Plattenausgaben war 1977 für die Puhdys besonders hoch. Mit GROSSEN ERFOLGEN versuchte Amiga einen Querschnitt des bisherigen künstlerischen Weges. Mit der, was Verkaufsziffern betrifft, kaum zu überbietenden LP ROCK'N'ROLL MUSIC bekannten sich die fünf Musiker zu einer lebendigen Musizierpraxis und zu einer der unversiegbaren Quellen ihres eigenen Schaffens. In der Sowjetunion, wohin es die Gruppe auf ausgedehnten Tourneen immer wieder führte, wurde eine Reihe ihrer wichtigsten Titel einem begeisterten Millionenpublikum zugängig gemacht. Schließlich präsentierten die Puhdys – nach dem erfolgreichen Start in Konzerten – DDR-Rock in Westeuropa. Unvoreingenommene Kenner der Szene werteten die Deutschsprachigkeit und die gesellschaftliche Direktheit dieser weltoffenen Musik als eine gelungene Entdeckung. Daß an unseren Liedern als Ausdruck unserer Verwurzelung in einer erkennbar sozialistischen Umwelt nicht herumzudeuteln war, erleichterte den Puhdys ihre Mission nicht, war aber eine zusätzliche Bestätigung solider künstlerischer Auffassungen. Es ist und bleibt erstaunlich, wie angesichts der nicht nachlassenden Hektik anstrengender Konzert-Reisen dann immer wieder neue Titel reifen können. Das Jahr 1977 macht da keine Ausnahme. Es entstand die LP Perlenfischer, die nunmehr neu aufgelegt wird. Vielleicht ist ein Blick in die Werkstatt interessant, denn die Platten selbst spiegeln keine genaue Chronologie wider. So gehört der von dem trockenen, vorwärtshastenden Rhythmus des Schlagzeugs ebenso wie von dem etwas mystischen Arrangement und Gesangstil geprägte MEPHISTO, der die Selbstbestätigung des aktiven Menschen zum Inhalt hat, noch in die STURMVOGEL-Zeit. Der liedhafte SEI MIR NAH, der die Platte beschließt und auf schlichte Weise von der Notwendigkeit des Füreinander daseins erzählt, geht auf noch frühere unfertig gebliebene Fassungen zurück. Daran sieht man, wie sorgfältig die Puhdys mit ihrem musikalischen Material umgehen. Das, wozu man nicht mehr steht, wird rigoros ausgeschieden. Anderes braucht Zeit, sich zu entwickeln, muß sich verändern. Man kehrt zu ihm zurück, wenn man eine tragfähige Einstellung gefunden hat, greift es neu auf, vollendet es. Wichtig ist auch eine andere, produktionstechnisch bedingte Eigenheit der Schaffensweise. Da gibt es die ausgesprochenen Studiozeiten, in denen eine Langspielplatte eingespielt werden muß. Das sind konzentrierte Schaffensperioden, in denen alles andere zurücktritt. Sie bedeuten zunächst die Erarbeitung der Lieder selbst, das heißt von Komposition und Text, ein angespanntes Miteinander, ein Suchen und Finden, Verwerfen und Verändern, Abwägen und Anpassen. Der einzelne Titel muß stehen und die Platte insgesamt eine Konzeption bekommen. Die verschiedenen künstlerischen Prozesse laufen dabei nicht gemächlich hintereinander ab, sondern auf verwirrende Weise miteinander verflochten, sehr anstrengende Wochen voller Unzufriedenheit und Unrast. Sie bedeuten weiterhin das Einspielen der Titel, von der Absprache und Herstellen der Arrangements über das Aufnehmen der einzelnen Instrumente, des Gesanges verschiedenster zusätzlicher Klangelemente bis hin zur endgültigen Mischung. Und erst dabei bildet sich der Titel, wie er später zu hören sein wird, vollkommen heraus, so daß etwa die dichterische Arbeit immer wieder neu einsetzen kann. Denn die ideale Einheit von Text und Musik ist eines der Prinzipien, um das die Puhdys geradezu verbissen ringen. Das heißt aber oft, das einunddieselbe Komposition im Verlauf von vier Wochen zu einem ganz anderen Lied geworden ist, das in Worten, in Bildern nun etwas ganz anderes ausdrückt als vorher. In diesen Studio-Perioden entstehen oft auch viel mehr Titel, als dann auf der Platte erscheinen. Der Titelsong PERLENFISCHER, eine Skizze menschlichen Mühens, die schönen Lieder SPUREN DER NACHT und ES FÄLLT MIR SCHWER, Lieder über die Gefährdung junger Liebe, STERNE VERSPÄTEN SICH NIE, ein Lied von Zweifel und Selbstbehauptung des Künstlers, die WILDEN JAHRE, eine Selbstaussage der Puhdys und eine Selbstaussage jeder jungen Generation, ein Lied, das zwei Jahre später, 1979, eine Art Markenzeichen des zehnjährigen Gruppenjubiläums abgab – alle diese Lieder in ihrer Unterschiedlichkeit und Vielschichtigkeit,aber auch in ihrer–oft nur unterschwellig mitschwingenden– Zusammengehörigkeit sind dann die gefilterten Ergebnisse eines gedrängten

Schaffensrausches. Nicht zuletzt auch stimuliert durch die drängenden Produktionstermine, ein aus der Kunstgeschichte nicht unbekannter Zusammenhang. Eingebettet in diesen überspannenden Schaffensrhythmus ist dann von Zeit zu Zeit – meist für eine Single oder für einen gesellschaftlichen Auftrag – die Entstehung eines einzelnen Titels, der sozusagen von einer Schaffensphase zur anderen überleitet. Solche Titel sind leider oft nur auf Sammel-Alben zu finden, zum Beispiel einer der populärsten Titel der Puhdys überhaupt, ihr »Mitsingetitel« sozusagen, nämlich »Alt wie ein Baum« (Platz 3 der Hitliste von 1977), diese Paraphrase auf ein bekanntes Fürnberg-Gedicht, aber auch die etwas schlagerhafte »Erinnerung« (Spitzentitel 1977) nur bei den GROSSEN ERFOLGEN. MEPHISTO teilt dieses Schicksal glücklicherweise nicht. Und auch WENN TRÄUME STERBEN (Platz 4 im gleichen Jahr) gehört zu diesen Titeln, ein Lied, dessen Einfachheit und zugleich Allgemeingültigkeit viele, auch viele ältere Menschen zutiefst berührte, in dem sie wie in einem Spiegel eine Erkenntnis des eigenen Lebens erblickten. Es würde sich bestimmt lohnen, die Lieder der Puhdys in dieser ihrer inneren Kongruenz ebenso wie Entwicklung einmal auszuloten, genauer zu betrachten, wie sich und welche Themen sichzu welchen Zeiten artikulieren, wie sich Sprechweisen wandeln, wie Melodienfindung, Sound, Rhythmik sich entfalten, welchen Veränderungen das unterworfen ist. Eine solche Arbeit, die noch geleistet werden muß, würde ein wenig von dem »Phänomen« Puhdys erhellen, das mir spätestens seit der LP PERLENFISCHER nicht mehr ausgeredet werden konnte, ein Phänomen, das bei Niederschrift dieser Zeilen immer noch andauert, das der zeitüberspannenden Popularität – dieser Lieder. Das Phänomen Puhdys kann eben nicht bloß soziologisch als Modell- und Idealfall gesellschaftlicher Identifikation Künstler-Gesellschaft gedeutet werden. Es muß seinem tiefsten Wesen nach in diesen Liedern liegen. In ihnen wohnt das Geheimnis ihrer Lebendigkeit. Die LP PERLENFISCHER klingt so frisch wie am Erscheinungstag.

Wolfgang Tilgner (1981), Covertext der AMIGA LP 855 576
– Perlenfischer (1977) – in der Nachpressung von 1982

PUHDYS – (1979)

rec. 4.-6.1.1979 Friedrichstadt-Palast, Berlin
mixed 26.3.-19.4.1979 AMIGA-Studio, Berlin

Junge Welt, 9.Januar 1979:

»Und ich habe noch kein Konzert erlebt, in dem es einer DDR-Rockband gelang, das Publikum so zu begeistern, wie die Puhdys ihres am vergangenen Sonnabend im Friedrichstadt-Palast. Puhdys-Musik erkennt man sofort am spezifischen Sound, aber ihre Ausdrucksformen sind vielfältig, reichen von rockigen bis zu liedhaft – melodischen Titeln... Frisch und mit ungeheurer Dynamik, die die Puhdys als Gestaltungselement beherrschen lernten, vorgetragen, hielt es die jungen Fans im Palast bei Erfolgstiteln wie »Sturmvogel«, »Perlenfischer«, »Lebenszeit« oder »Reise zum Mittelpunkt der Erde« nicht lange auf den Plätzen. Und wer nicht miterleben konnte, daß ganze Lieder, z.B. »Alt wie ein Baum« mitgesungen wurden, hört's sich dann auf der Mitschnitt-LP der Puhdys an.«

Berliner Zeitung, 12.Januar 1979
»In diesem Jahr – dem 10. Des Bestehens unserer wohl populärsten Rockband – glichen die vier ausverkauften Veranstaltungen einer großen Geburtstagsfeier, zu der Tausende Anhänger der Puhdys von nah und fern herbeigeeilt waren. Und durch lautstarkes Mitsingen, Klatschen, Schunkeln und Tanzen zwischen den Stuhlreihen und auf den Gängen gab das Publikum begeistert seine Sympathieerklärung für diese Band ab...«

Der Morgen, 8.Januar 1979
»Vom begeisterten Chorus der Fans begleitet, ließen die Puhdys bei ihrem heißen Konzert über drei Abende vergangene Woche den Schnee auf dem Dach des Friedrichstadtpalastes schmelzen... Erfreulich, daß auf Verständlichkeit der Texte Wert gelegt wurde, romantisch-balladeske und anschaulich-optimistische wie »Reise zum Mittelpunkt der Erde« oder »Lebenszeit«.

Sonntag, Nr. 4, 1979
»Falls es soetwas gibt, dann haben die Fünf wohl maßgeblich ein DDR-Popmusik-Verständnis zustande gebracht... »Und sie fahren jedes Wochenende übers Land« lauten zwei Zeilen aus dem Titel »Wilde Jahre«. Sollen sie noch lange und unvermindert wild zu ihren Fans unterwegs sein, von denen sie seit Jahren zur DDR-Rockband Nr. 1 gekürt werden. «

Covertext der AMIGA LP 855 712-713 – Puhdys-Live – (1979)
in der Nachpressung von 1982

PUHDYS – 10 WILDE JAHRE

Kürzlich vermeldete ADN, daß von insgesamt sechs Langspielplatten (und Musikkassetten) der PUHDYS allein in unserem Land über zwei Millionen gekauft wurden. Ein Rekord, der einmalig ist in der DDR-Unterhaltungsmusik. Schon in diesem Monat wird bei AMIGA eine weitere Langrille mit den fünf Berliner Rockmatadoren erscheinen und Ende des Jahres gar das erste Live-Doppelalbum. Damit wird dem Wunsch der kaum noch zu zählenden Puhdys-Anhänger entsprochen.

Auch auf ihrer neuesten LP waren die Puhdys bemüht, ihrer bisherigen, nunmehr zehnjährigen musikalisch-künstlerischen Konzeption treu zu bleiben. Bekannte Motive fehlen ebenso wenig wie neue Einfälle, die für die Farbigkeit dieses Schallplattenkonzerts sorgen. Mit dem schon bekannten »IKARUS II« wird es eröffnet, dessen motorische Kraft typisch für Puhdys-Rock ist: Pur, geradeaus, aggressiv – so, wie's bereits vor zwanzig Jahren der Rock'n Roll unseren heutigen Musikern vormachte. Die ständig fortschreitende Technik der Elektronik bietet freilich neue Möglichkeiten, und die werden auch von den Puhdys nicht ignoriert. Schon bei »IKARUS II« setzt ein beachtliches Zwischenspiel ein, daß in seinem rhythmischen Kraftakt die Zauberkünste des Keyboarders Peter Meyer auf Touren bringt. Weiter geht's mit dem Spaßmacher »NAPOLEON«, einem Titel, der ein bißchen aus dem

Rahmen der sich zumeist außerordentlich ernst nehmenden Rockmusik fällt. So halten denn auch neben den sonst üblichen Instrumenten noch Akkordeon, Flöte, Glockenspiel, Kesselpauke und ... Pergamentpapier her. Genau hinhören lohnt sich also.

»TAUSEND MEILEN VON ZU HAUS« heißt die folgende Erinnerung an das Puhdys-Gastspiel während der XI. Weltfestspiele auf Kuba. Zum Glück haben sie daraus keinen Reggae gemacht, denn das ging bei vielen Versuchen (natürlich nicht nur der Puhdys) bisher fast immer um die berühmte Ecke. Bei ihnen bleibt es Rock. Maschine (Dieter Birr) beweist mit seinem 12-Saiten-solo, daß er ein guter Gitarrist ist. Erstmalig präsentieren die Puhdys mehrstimmigen Gesang, nämlich in dem etwas nostalgisch angelegten Titel »SO NAH AM LEBEN;NAH AM TOD«, der ganz sicher zu den besten dieser Platte gehört. Auf der B-Seite gibt's viel bekanntes: »FALK UND NACHTIGALL« ist der reißerische Aufmacher, danach »AUF DER STRAßE IN DIE NACHT« (schöner poetischer Text), im ¾ Takt ihr Renner »GITTER SCHWEIGEN«, ein bißchen exotisch und ungewohnt »FLIEG, VOGEL, FLIEG« und als Rausschmeißer ein Puhdys-Oldie, der nie so recht zum Zuge kam, aber oft gewünscht wure: »HÖREN UND SEHEN«. Dieses sollte einem nun wirklich nicht vergehen, hat man einmal die Scheibe erworben. Ich steh'drauf und bedanke mich dafür bei den beiden Textautoren Wolfgang Tilgner und Burkhard Lasch und, na klar, bei den Puhdys

Wolfgang Martin, LP-Kritik im Jugendmagazin »neues leben« (1979)

PUHDYS – HEISS WIE SCHNEE (1980)

Nach ihrem Konzert-Doppelalbum, das 1979 bei AMIGA erschien, produzierten die PUHDYS in diesem Jahr eine neue Studio-LP. Dieser Fakt erscheint mir erwähnenswert; hört man doch auf vorliegender Scheibesehr deutlich, daß die Puhdys ein Studio mit all seine technischen Vorzügen zu nutzen wissen. Das Klangbild (der Sound) ist einheitlich und perfekt. Zehn neue Titel machen das Repertoire der LP aus, die mit einem ihrer erfolgreichsten Titel dieses Jahrgangs, »HEIß WIE SCHNEE«, überschrieben ist. Auf dieser Platte hört man »neue Puhdys-Töne«, die jedoch nichts mit der – etwa zu vermutenden – neuen Welle im Rock zu tun haben. Bei allen Farbtupfern, die zu den Arrangements gehören, bleibt es am Ende trotzdem unverwechselbare Puhdys-Musik.

Schlagzeuger Klaus Scharfschwerdt trägt mit seiner Stilistik zum harten Sound der Musik bei. Der Einsatz der Keyboardinstrumente ist ausgeglichener und sinnvoller als auf früheren Produktionen und dient somit mehr der musikalischen Bereicherung denn bloßer Effekthascherei. Neben rhythmisch durchgängig gespielten Titeln gibt es auch solche, die durch solistisches Spiel oder instrumentale Zwischenteile die richtige Würze haben. Eine wirkliche Überraschung ist in »FERN VON ZU HAUS« und »BIS ANS ENDE DER WELT« die Kombination von hartem Puhdys-Grundsound mit dem Saxophon-Spiel von Günter Fischer. Schade, daß man im Rundfunk letzteren Titel fast nur in der Kurzfassung hört, die den eigentlichen Charakter des Stückes entstellt. So gehört, wirkt er auf mich immer wie ein Schlager als Zugeständnis an einen breiteren Publikumskreis. Im Titel »MARATHON« gehen die instrumentalen Raffinessen gar bis zu einer mittels Verfremdung von 12-Saiten-Gitarre und Cembalo erreichten Bouzuki-Assoziation. Alles in allem lohnt sich das genaue hinhören, will man nicht leichtfertig die neue Musik der Puhdys in die dafür passende Schublade stecken. Die Texte kommen diesmal von drei Autoren (Dieter Birr / Wolfgang Tilgner / Burkhard Lasch) und reichen von sehr persönlichen Geschichten (»NIE WIEDER WERDE ICH WEINEN UM DICH« / »LIED FÜR ANJA«) bis hin zu gesellschaftlich relevanten Themen. Der für diese LP nachträglich ausgewählte Titel »KEIN PARADIES« trifft dabei für jedermann verständliche Aussagen, während die Texte von »HEIß WIE SCHNEE« und »WEIT, SO WEIT« (beide von Tilgner) erneut die Ansprüche dieses Texters und Lyrikers – auch an Rocksong-Verse – zum Ausdruck bringen. Das Nachdenkenswerte dieser Texte verträgt sich durchaus mit einer Sprache, die wieder direkt auf jene Hörer um die sechzehn und siebzehn herum abzielt. Der große Renner des Jahres »MELANIE«, gehört natürlich auch zum Angebot dieser neuen Puhdys-LP.

Wolfgang Martin. LP-Kritik im Jugendmagazin »neues leben« (1980)

SCHATTENREITER. PUHDYS 10 (1982)

Fast schon Tradition bei AMIGA. Eine neue Puhdys-LP zum Jahresauftakt. Vielleicht verbirgt sich dahinter auch die gut durchdachte Absicht, das ganze Jahr über in den Medien präsent zu sein, denn nicht alle Titel laufen zur gleichen Zeit über die Sender. Drei Titel der neuen Platte »SCHATTENREITER« heißt sie – kennen wir allerdings schon. Sie gehörten zu den erklärten Hörer-Favoriten des 81-er Jahrgangs und waren als Single bereits vorausgekoppelt. »HE, JOHN« – jener vor allem sehr emotional wirkende Song, dem ermordeten Ex-Beatle John Lennon gewidmet. Es ist im besten Sinne des Wortes ein Lied, das von der Gewichtigkeit des Textes und der glaubhaften Interpretation durch »Maschine« lebt. Die Melodie ist sicher einfach, aber so sehr einprägsam – und der Erfolg des Liedes gab den Autoren (Komposition: Dieter Birr / Peter Meyer, Text: Burkhard Lasch) recht. Platz 1 im Schlagerstudio-Finale des DDR-Fernsehens und Platz 2 nach dem »Blauen Planet« von Karat in der »DDR-Spitzenparade 1981« von Stimme der DDR.

Die Puhdys gehören zur Musikergeneration der Beatles, haben von den Liverpoolern viel gelernt, sie selbst als Idole verehrt und in den ersten eigenen Gruppen deren Harmonien nachgespielt. Man sollte den Titel darum nicht mißverstehen – wie es gelegentlich als Vorwurf zu hören war. Ich glaube die Puhdys hatten ein Recht darauf. »DER AUßENSEITER« und »WAS VOM LEBEN BLEIBT« sind wieder sehr Puhdys-typische Nummern, erstere für meinen Geschmack gar mit einer Nuance zuviel Aggression im Tone. Mein uneingeschränktes Lob erhält der Titelsong »SCHATTENREITER«, eine reife Komposition, mit einem interessanten Arrangement und engagierten Text von Wolfgang Tilgner, dessen Bilder ich auch auf dieser LP wieder hervorheben möchte, ohne dem nötigen Lyrik-Gleichgewicht von Burkhard Lasch die Berechtigung abzusprechen. Beides gehört zum Puhdys-Repertoire. Probleme, die uns betreffen und beschäftigen sollten, gibt es wieder genug im Angebot der Texte. Verhaltensweisen und Lebensansichten sind gut beobachtet. Das feucht-fröhliche »Trink, Brüderlein, trink« steht in einer Blasmusikfassung als Opening zum Titel »DER TRINKER«, dessen unumwundene Klarsicht der Aussage zu denken gibt. Schlagzeuger Klaus Scharfschwerdt, in einer Umfrage der »Beatkiste« von Stimme der DDR von den Hörern zur Nummer 1 in seiner Sparte erklärt, macht seinem Ruf alle Ehre. Das Schlagzeug klingt wirklich gut. Diskussionen wird ganz sicher die Puhdys-Version des bekannten Lift-Titels »WASSER UND WEIN« (Heubach/Demmler) auslösen. Ich bin mir – um es mal diplomatisch auszudrücken – auch noch nicht ganz sicher, welche Fassung mir besser gefällt. In diesem Sinne viel Spaß mit der neuen Puhdys-LP »Schattenreiter"

Wolfgang Martin, LP-Kritik im Jugendmagazin »neues leben« (1982)

PUHDYS 11: COMPUTER-KARRIERE (1983)

Angehört habe ich mir diesmal die 11. der PUHDYS – »Computer-Karriere«. Ein Titel, der zu Assoziationen auch zu Spekulationen verleiten könnte. Haben die Puhdys nun diesmal auch, dem Trend vieler Gruppen folgend, ihren Sound auf den sogenannten Sphären- oder Kosmos-Rock umgestellt und spielen a la Oldfield, Jarre und Sinnesgefährten mehr mit Synthesizern und Sequenzern als im gewohnten hardrockigenGitarren-Schalgzeug-Sound? Ja und Nein. Manches ist anders an dieser Puhdys-Musik, einiges wie gehabt. Beginnen wir mit dem umstrittensten Titel dieser Platte – »JAHRESZEITEN« – der den Puhdys wegen seines äußeren Gewands mit Elektronikdrums und monotonem »Frühling-Sommer-Herbst-Winter« Plus- und Minuspunkte der Fans gleichermaßen einbrachte. Doch der Titel ist nicht typisch für den Gesamteindruck dieser 11.LP. Und das beruhigt.

Wir haben es auf dieser Platte mit Titeln zu tun, die sich alle irgendwie – im näheren wie weiteren Sinne – dem Thema der LP stellen. Manches in den Texten ist von gesellschaftlicher Tragweite, unterstreicht unsere Verantwortung für den Frieden (»HIROSHIMA«, »SCHÖPFUNG«). Andererseits schafft Texter Dieter Birr (von ihm kommen allein acht Texte!) Bezüge zu Zeitgenossen und deren Verhaltensweisen (»KARRIERE«, COMPUTER-TRÄUME«, »COMPUTERMAN« ..."in deinen Adern fließt kein Blut«) Neben den zweifelsohne neuen Puhdys-Tönen auf dieser Platte fiel mir auf, daß gerade in der Synthese von akustischen und elektronischen Arrangements, die auf der »Schattenreiter"-LP erstmals anklang, dieser Sound jetzt konsequenter und einheitlicher produziert wurde. Beispiele dafür sind neben den genannten auch »SEHNSUCHT« (Ein Titel der von Träumen, Illusionen, Wahrheitssuche erzählt) ; »STOP, BABY, STOP« (das könnte ein Disco-Renner werden, Heinz-Jürgen Gottschalk war übrigens gekonnt mit der Mundharmonika behilflich) und »TV-SHOW« (der zweite von Schlagzeuger Klaus gesungene Titel). Den Schluß der Platte bilden zwei Lieder, zu denen Wolfgang Tilgner die Texte schrieb. Das heißt im Falle von »HIROSHIMA«, jenem weltberühmten Wishful Thinking

Evergreen, handelt es sich um eine deutsche Nachdichtung (die aber erfreulicherweise über dem Niveau des allzu plakativen Original-Textes steht). Dieser wie auch der Titel »SCHÖPFUNG« sind die Beiträge der Puhdys zum »Rock für den Frieden« am Ende dieses Monats im Palast der Republik. Tilgner nimmt in diesem Titel nochmal den Ausgangsgedanken auf und kommt zu einer philosophischen Schlußaussage, ganz in der Tradition früherer Puhdys-Tilgner-Titel. Die Musik dazu ist eingängig, überzeugend. – Eine wieder mal gelungene Puhdys-LP meint

Wolfgang Martin, LP-Kritik im Jugendmagazin »neues leben« (1983)

PUHDYS 12: DAS BUCH (1984)

Die neue AMIGA-LP der Puhdys »DAS BUCH« beginnt mit dem soundgewichtigen Instrumentalstück »1984«, das uns zugleich auf Inhalt und Form dieser sehr zeitgemäßen Rock-Platte einstimmt (12 neuschöpfungen, Vor-und Nachspiel als je ein Titel gerechnet). 18 Monate sind seit dem Erscheinen ihrer LP »Computer-Karriere« vergangen, einer Platte, die ihre Hits und Käufer hatte, auch ihre Kritiker...

Wie kurzlebig Rock-Modewellen sein können, auch wenn sie im Puhdys-Sinne volkstümlicher gemacht werden, beweist vorliegende Platte. Die fünf Altrocker aus Berlin sind zu ihren eigenen Wurzeln zurückgekehrt und präsentieren uns nun wieder Puhdys-typische Musik. Der Sound ist »erdiger«, die Melodien sind wieder eingängiger und die Arrangements so, daß sie – aus dem Computer-Mix herausgelöst – auch wieder naturell intoniert werden können. Wir hören auf dieser Platte vorwiegend die musikalischen Co-Produktionen von Dieter Birr und Peter Meyer, aber auch Dieter Hertrampf und Harry Jeske sind mit je einer Komposition vertreten.Bei den Texten registriert man eine ungewohnte Autoren-Vielfalt, was sich aber positiv auswirkt. Zwei Texte kommen von Burkhard Lasch, je einer von Wolfgang Tilgner, Clair Din und dem bis dato unbekannten Herrn Taubert (einem Journalisten, wie ich erfuhr). Die anderen fünf Texte hat Maschine gemacht.

Mit der Single-Auskopplung der beiden Hit-Favoriten »ROCKERRENTE« und »DAS BUCH« sind zugleich die zwei großen Themen der Platte angezeigt. Und es ist schon verblüffend, wie es die Puhdys verstehen, Themen gesellschaftspolitischer Relevanz mit solchen Liedern zu verknüpfen, in denen Alltagsgeschichten erzählt werden. Zu der ersten Richtung gehört neben dem »Buch« der für mich emotional anrührendste und trotz seines Pathos künstlerisch gelungenste Titel »ICH WILL NICHT VERGESSEN«. Des weiteren würde ich den »ANGSTVERKÄUFER« dazuzählen (darin wird das imperialistische Geschäft mit der Angst und dem Krieg auf satirische Weise angeprangert) und den Schlußtitel »DAS MÄRCHEN«. Dieser beginnt mit einer sehr volkstümlichen Melodie (die Erinnerung an »Alt wie ein Baum« ist wohl beabsichtigt), einem gewollt kitschigen und klischeehaften Text, der von Quaster gesungen wird, und geht über in den harten Rock-Sound der Anfangs-Komposition »1984«.

Die musikalische Bandbreite der LP reicht von melodischen Titeln über heavy bis hin zum Discolied »SCHLAF MIT MIR«, das einen durchlaufenden Rhythmus hat.

Das für mich originellste Stück der neuen Puhdys-LP ist die »BAUERNHOCHZEIT« mit ihrem vorwitzigen Text und einer demgemäßen Musik. Der Spaß wird durch die Instrumentierung perfekt, z.B. wenn über einem hektischen Computer-Rhythmus die Einwürfe einer Klarinette zu hören sind und mit dem Folklore-Toch durch Trompeten, Posaunen und Tuba dann das Klangbild richtig voll wird. Ein weiterer Spitzentitel dürfte der Song »DIE BOOTE DER JUGEND« werden, in dem die Puhdys ihren Altersgefährten – die ja meist Erziehungsberechtigte von Kindern sind, welche vielleicht auf die Puhdys oder andere Rockmusikanten stehen – manchen wohlgemeinten Erinnerungsstoß geben.

Wolfgang Martin, LP-Kritik im Jugendmagazin »neues leben« (1984)

PUHDYS 20 JAHRE UND KEIN BISSCHEN LEISER (1989)

Keine eig'nen Fans, keine eig'nen Songs – keiner kennt uns. Es ist der 19. November 1969. Eine halbe Stunde vor unserem ersten Auftritt im »Tivoli« in Freiberg sitzen wir in der Garderobe und überlegen, mit welchen Titeln wir anfangen. Um 20 Uhr betreten fünf schüchterne junge Herren die Bühne. Stecker rein in die Haushaltsgeräte, und kurz darauf dröhnt »Born To Be Wild« durch den Saal. Eins von insgesamt nichtmal 20 Stücken, die wir drauf haben. Das damals einzig eigene an uns war die merkwürdige Umsetzung der selbstabgehörten englischen Texte. (Ein aus England stammender Zuhörer nahm sogar an, daß wir deutsch singen.) Das störte uns aber nicht. Für uns war nur die Musik wichtig und die Kraft, die von ihr ausging. Die verstand jeder.

Wir fühlten uns als Überbringer des Rock'n'Roll. Mit einigen anderen Bands unternahmen wir den Versuch, die etwas einförmige Musikszene unseres Landes rockig zu beeinflussen. Mit unseren nachgespielten englischen Titeln powerten wir drauflos, fünf Stunden pro Abend waren keine Seltenheit.Im Nu waren zwei Jahre vergangen. In dieser Zeit hatten wir handwerklich 'ne Menge dazugelernt, waren sicherer geworden.

Irgendwann schrieben begeisterte Fans ans Fernsehen, wir sollten doch mal dort auftreten. Da allerdings stand für uns die Forderung: Mit deutschen Texten oder gar nicht !

Schon früher hatten wir versucht, die Lieder unserer Idole zu übersetzen, und dabei festgestellt, daß ihre Probleme unseren ähnlich waren: Frust mit den alten Herrschaften, Beziehungen zu Mädels, Ansprüche ans Leben überhaupt...

So lernten wir Wolfgang Tilgner kennen, es entstand »Türen öffnen sich zur Stadt« und für uns öffneten sie sich zum Fernsehen. Damit waren die Weichen gestellt. Wir hatten gemerkt, daß wir, wenn wir in unserer Sprache singen, unsere Gedanken und Vorstellungen besser rüberbringen, und die vielen Fans dachten genauso.

Jubiläen sind ja immer Anlaß zur Rückschau. Für uns war es die Erinnerung an unsere »wildesten« Jahre. Deshalb haben wir die Songs von damals aus der Versenkung geholt – für unsere alten und neuen Fans. Inzwischen haben wir auch 'ne

Menge eigene Stücke geschrieben. Das ist ein unheimlich gutes Gefühl, wenn heute andere unsere Lieder singen. Sei es, weil sie drauf stehen oder auch nur, um uns zu unserem 20. Zu gratulieren. So kam's, daß auf der 2.LP Freunde, Kollegen und Söhne zu hören sind.

Für diesen Glückwunsch und für 20 Jahre treue Fans – Dankeschön !

Dieter Birr, Peter Meyer, Harry Jeske,
Dieter Hertrampf, Klaus Scharfschwerdt

Covertext der AMIGA LP 856 447/448 –
20 JAHRE ... und kein bißchen leiser (1989)

PUHDYS – ROCK AUS DEUTSCHLAND-OST (1992)

Sie waren das Synonym für DDRock. Auch wer westlicherseits nichts wußte von der Vielfalt ostdeutscher Populärkultur, konnte wenigstens noch auf die Puhdys (gegr.1969) verweisen. Das Quintett, das nur einmal einen Musiker austauschte, steht für soliden, proletarischen Rock. Immer waren die volksnahen Rhythmen mit sensibel-intelligenten Texten renomierter Autoren gekoppelt. Avantgarde waren die Puhdys nie, aber sie lieferten derb-frische Tanzware für die Regionaldiskos (»TV-SHOW«), etablierten neue Volkslieder (»ALT WIE EIN BAUM«) und traten in Kultfilmen des Landes auf. Sie sangen rauh-zarte Balladen (»WENN EIN MENSCH LEBT«) und viele ihrer Pophits veredelten sich zwischen Rostock und Suhl zu Evergreens (»LEBENSZEIT«). Sie waren die ersten Popmusiker, die ab 1976 über die Mauer durften, um in Wessiland als Exoten bestaunt, bespöttelt und bewundert zu werden: »Der virtuose Schlagzeuger trommelt mit beklemmender Präzision« hieß es damals, als ob so etwas ein Fehler wäre.

Die Puhdys – kein Underground-Ensemble, sicher nicht. Und wer den ersten Stein werfen will, darf feststellen, daß sie eine etablierte, mithin staatstragende Combo waren. Aber auch ein Mick Jagger hatte einst festgestellt: »Was kann ein armer Kerl schon anderes tun, als in einer Rock'n Roll-Band zu spielen"?

Selbst die »Feinde« aber waren sich in einem einig: Die Puhdys haben dem DDRock Türen geöffnet, durch die es sich fortan bequemer schreiten ließ. Denn internationale Selbstverständlichkeiten im Ausland des Rockgeschehens hatten in der DDR mühsam-listig gegen die SED-Administration ertrotzt werden müssen. Wer aber Ohren hatte, genauer hinzuhören, entdeckte auch bei den Puhdys durchaus subversives: »ICH WILL NICHT VERGESSEN« war – ungeheuerlich in jenen Jahren! – klar von »Deutschland«, mithin Gesamtdeutschland, die Rede. Für die SED ein klarer Tabubruch, getarnt als Analogie zu Heinrich Heine. Folgerichtig wurde dieser Titel für die DDR-Hitparaden gesperrt.

Die Puhdys – hier auf CD – ein Ritt durch zwei Jahrzehnte hart erlebter DDRock-Geschichte, mit allen Unvollkommenheiten und allen Highlights. Das eine zum Schmunzeln, das andere als Erinnerung für die Zukunft.

Olaf Leitner

Covertext der DSB-CD 3089-2, »Rock aus Deutschland Ost (1992)

PUHDYS RARITÄTEN – BESONDERE HITS (1994)

Das 25-jährige Jubiläum der PUHDYS ist für uns Anlaß, den Hörer zu überraschen mit einer Novität in der deutschen Rockmusikszene, einer Raritätenplatte. Zur Erklärung sei gesagt, daß auf dieser CD Stücke veröffentlicht werden, die bisher nie veröffentlicht wurden oder eine andere Besonderheit haben, die sie zur Rarität machen. Was aber sind das nun für Titel, mit denen wir es hier zu tun haben? Fragt man die PUHDYS nach der Entstehungsgeschichte des einen oder anderen Kleinods, dann erhält man die Versicherung, es sei zu seiner Zeit alles völlig ernst gemeint gewesen, man habe sich auf keinen Fall über irgend etwas lustig machen, sondern, »einfach mal was Neues« ausprobieren wollen.

Den Anfang macht Maschine mit »SUSI BABY TWIST«, einem Hit, bis heute noch nie veröffentlicht, den er als 16-jähriger für seine damals Angebetete schrieb, an die er sich heute allerdings nicht mehr erinnern kann. Den Text und die Melodie kann er dagegen nach 34 Jahren immer noch auswendig, woran man sieht, daß für einen echten Rock'n Roller keine Frau die Gitarre wirklich ersetzen kann. Dieses Lied kommt so süß und ehrlich daher, daß man fast bedauert, Maschine nicht als unschuldigen Knaben von 16 Jahren kennengelernt zu haben.

Eine wichtige Etappe in der Karriere der PUHDYS stellen Titel wie »AUFRUF«, »STEIGE NICHT AUF EINEN BAUM« oder »FINDE DEN WEG DURCH'S FEUER« dar. Diese Werke entstanden Anfang der 70-er Jahre, nachdem die Band mit »TÜREN ÖFFNEN SICH ZUR STADT«, einen gigantischen Erfolg für sich verbucht hatte. Der endgültige Durchbruch kam dann mit Peter Gotthardt, den für den Kultfilm »DIE LEGENDE VON PAUL UND PAULA«, die wohl unvergesslichen Hits »GEH ZU IHR«, »WENN EIN MENSCH LEBT« und »VON DER LIEBE EIN LIED« schrieb. Letzterer ist auf dieser CD in einer eigenständigen englischen Fassung, sinfonisch bearbeitet, zu hören.

Die PUHDYS hatten ihre musikalische Karriere damit begonnen, daß sie alles nachspielten, was ihnen unter die Finger kam. »BORN TO BE WILD«, ihr ersteinstudiertes und bisher meistgespieltes Stück, eine Reminiszenz an die Zeit, als sie in den Tanzdielendes landes als langhaarige Exoten bwundert wurden. Den ersten und einzigen Titel, den die Puhdys jemals von einer anderen ostdeutschen Band gecovert haben, ist ebenfalls zu hören. Groß war das Erstaunen, als Anfang der Achtziger Jahredie Band den wunderbaren Lift-Song »WASSER UND WEIN« neu aufnahm. Da es bei diesem einen Mal blieb, hatte die Coverversion wirklich Raritätenwert. Ein weiteres Kleinod ist der Song »WIR HABEN IMMER NUR GEWARTET«, von Maschine in der Wendezeit 89/90 geschrieben. Dieser Titel erlebt auf diesem Sampler sine Plattenpremiere, live ist er auch heute noch auf jedem Konzert zu hören. Mittlerweile über vier Jahre alt, ist es einer der Songs, mit dem sich auch heute noch die Konzertbesucher am ehesten identifizieren wollen und können.

Zu erwähnen wäre außerdem noch der »SÄBELTANZ«, den die PUHDYS vor ihrer ersten UdSSR-Tournee ins Repertoire aufnahmen und mit dem sie beim russischen Publikum natürlich glänzend ankamen. Damals, Mitte der 70er Jahre, war es absolut angesagt, sich als wilder Rock'n Roller an Klassikadaptionen zu versuchen.

Man kann nicht sagen, daß die PUHDYS diese Aufgabe schlecht gelöst hätten, obwohl es ihre einzige Adaption eines klassischen Werkes blieb.

Ein weiteres high-light – in ganz anderem Sinne – ist das wunderhübsche Lied »FÜR DIE MUTTIS EINEN BLUMENSTRAUß«, entstanden irgendwann zum Internationalen Frauentag, und Peter Meyer beschwört, auch heute noch »ein großartiges Lied, auf daß ich richtig stehe«. Ich würde sagen, ein großartiges Lied, denn wir dürfen nicht vergessen, daß wir es hier mit einer Rockband zu tun haben.

Was wäre noch zu sagen? »ALLES WAR SO NEU« – das Debüt von Harry, dem Schweigsamen, als Sänger. Wer hätte gedacht, daß Harrys Stimme so klingt, ja, daß er überhaupt eine Stimme hat?!

Jedenfalls gibt es unter den zahlreichen Veröffentlichungen der PUHDYS wohl kaum eine CD, deren inhaltliches Spektrum so breit gefächert ist, wie auf dieser hier. Vom Auf-die-Schenkel-klatschen bis zum Unter-die-Haut-Gehen ist für jedes Feeling etwas dabei.

Gladys Hannemann
Covertext der AMIGA-CD 212 07 232 –
»Puhdys-Raritäten – Besondere Hits« (1994)

PUHDYS: ZEITEN ÄNDERN SICH .

Eine Legende feiert ihr 25-jähriges Bestehen. Dies ist der Grund für ein paar ganz persönliche Anmerkungen an Euch, unsere Freunde Dieter Birr, Dieter Hertrampf, Harry Jeske, Peter Meyer, Klaus Scharfschwerdt und Eure Familien. Als wir vor fast genau 20 Jahren durch den Film »Die Legende von Paul und Paula« zum ersten Mal mit Eurer Musik konfrontiert wurden, so war das fast wie die viel zitierte Liebe auf den ersten Blick (Ton), daß heißt, es durchfuhr uns ein ganz heißer Rock-Blitz. Genau dies war die Art von Musik, die für jeden verständliche Alltagsgeschichten mit sauberem, handgemachtem Rock herüberbrachten, und wo man im Lauf der folgenden Jahre den eigenen Lebenslauf immer wieder in die Songs hinein interpretieren konnte und Eure Musik so zum ständigen Begleiter, sowohl in den guten, als auch in den nicht ganz so guten Tagen wurde. Nach dem Erlebnis der ersten Live-Konzerte Ende der Siebziger in den alten Bundesländern und den ersten Fanclubarbeiten, lernten wir Euch endlich auch persönlich kennen. Und siehe da, Ihr wart nicht die unnahbaren Stars, von denen wir schon einige kennengelernt hatten, sondern Menschen, die freudig und aufgeschlossen für ihre Fans da waren, die mit ihnen ein paar Bier tranken, Anekdoten erzählten, aber auch ernstere Gespräche führen konnten. Durch immer zahlreichere Konzerte, später durch gegenseitige, auch private Besuche, lernten wir Euch und Eure Familien mehr kennen und schätzen. Aus dem ersten Fanclub wurde die große Fanclub-Organisation, wodurch wir wiederum durch Eure Musik viele neue Freunde und Bekannte fanden. Diese Freundschaften bestehen zum Teil schon viele Jahre und sie werden auch weiterhin bestehen bleiben. 1989 konnten wir, gemeinsam mit Euch und den Fans aus Ost und West die Wende von Anfang an hautnah erleben. Diese unbeschreiblichen Gefühle gipfelten in der Good-Bye-Fete der ganzen, großen Puhdys-Familie am 16.Dezember in Paderborn, und schon damals, als wir die vielen Fans nach Eurem unwiderruflich letztem Konzert nachts weinend durch die Schützenhalle laufen sahen, war uns klar, daß wir die ganze Macht der Fancluborganisation einsetzen müssen, um auf ein Come-Back hinzuarbeiten.

1992 war es uns gelungen, auch mit Hilfe der Veranstalter, die jahrelang den Puhdys die Treue gehalten hatten. Stellvertretend seien hier das Jugendhaus in Kamenz und die Stadtjugendpflege in Villingen-Schwenningen genannt. Nachdem wir gemeinsam den Verlag gegründet hatten, gemeinsam schon junge Nachwuchsgruppen produziert hatten, was lag da näher, als auch Eure Jubiläumsplatte gemeinsam in den Rockhimmel zu schießen. Von den ersten Diskussionen bis zu den fertigen Bändern war es ein einmaliges Erlebnis, daß manchmal Geduld und starke Nerven verlangte, welches wir aber keinesfalls missen möchten. Dafür und für den starken Einsatz danken wir Euch und allen Beteiligten. Ganz besonderer Dank an Rolf Henning, Ina und die Truppe von Multiart, die auch im Jubiläumsjahr für ca. 100 Konzerte und viel Medienrummel sorgen werden. Dank auch an Hannes Kraus und Michael Schreier von Zyx Musik, die eine Realisierung Eurer permanenten Änderungs- und Terminwünsche ermöglicht haben, gleiches gilt für Michael Vogdt von Anycom, der einige Nachtstunden opfern mußte, um aus vorgenannten Gründen Cover- und Druckunterlagen auf den aktuellsten Stand zu bringen. Keine Gruppe spielt schon länger, vor allem auch in der gleichen Besetzung zusammen, als Ihr, deshalb sind wir 100 Prozent sicher, daß Ihr die ersten sein werdet, die es tatsächlich bis zur Rockerrente durchziehen werden, warscheinlich sogar noch darüber hinaus. Dazu Euch und Euren Familien alles erenklich Gute, und noch viele, viele gemeinsame Altrockerjahre, und laßt Euch von nichts und niemandem unterkriegen, das wünschen wir Euch von ganzem Herzen.

Hubert und Annelie Bayer von der Dakoda Musikproduktion
Covertext der Puhdys-CD »Zeiten ändern sich« (1994)

PUHDYS IN FLAGRANTI

DAS SCHÄRFSTE SEIT ES PUHDYS GIBT

Da kam zusammen, was seit mehr als 25 Jahren zusammengehört: die Puhdys und ihr Freiberger Publikum. Im »Tivoli« des sächsischen Freibergs stand 1969 die Wiege der Puhdys. Seit sie dort mit einem Repertoire von gerade 15 Titeln zum Tanz spielten, kehren sie jedes Jahr einmal wieder zurück.

Man muß das »Tivoli« erlebt haben, wenn die Puhdys vor ausverkauftem Haus auf die Bühne kommen. Eine fast familiäre Atmosphäre, obwohl da über 1500 Fans dicht an dicht und der Bühne ganz nah stehen.

Und das ist es wohl gerade, daß die Puhdys ihrem Publikum besonders nahe sind – mit ihrer Musik, durch Themen ihrer Lieder und der Jahre, die man gemeinsam erlebt, gelebt, durchlebt hat.

Inzwischen hat die Band mehr als 150 eigene Songs im Repertoire und das Problem, in einem Konzert nicht alle Titel spielen zu können, die die Fans hören möchten.

Die Puhdys – eine Musik, die druckvoll, unbekümmert, frisch und voller Leben von der Bühne kommt und das Publikum mitreißt. Die Konzerte der Puhdys leben von der Art, wie das Publikum mitgeht, mitsingt und bei der Sache ist. Die Puhdys treten nicht schlechthin vor Publikum auf, sondern mit ihm.

Und so lag es nahe, eine CD zu produzieren, die das besondere der Puhdys-Konzerte einfängt und wiedergibt. Von der Aufnahme über Produktion, Mischung bis zum Mastering wurden Top-Studioadressen benutzt. Das Ergebnis ist eine runde, kraftvolle und echte Rockproduktion, die sich hören lassen kann.

Covertext der Puhdys-CD »In Flagranti« (1996)

TITELÜBERSICHT UND GÜNSTIGSTE VERFÜGBARKEIT DER TITEL:

A	A Whiter Shade Of Pale	CD Rock'n'Roll Music/ Jubiläumsalbum
	Alle Wege	CD Wie ein Engel
	Alles war so neu	CD Raritäten
	Alpträume (live 79)	LP Puhdys live
	Als ich mir wünschte ein Kind zu sein	CD Sturmvogel
	Als wir gestern schieden	
	Alt wie ein Baum	CD Das Beste aus 25 Jahren
	Alt wie ein Baum (instrumental)	LP Disco Sound
	Alt wie ein Baum (live '79)	CD Live – 25 Jahre
	Alt wie ein Baum (live '95)	CD Inflagranti
	Alt wie ein Baum (Happy Radio Mix)	Maxi-CD German Dance Recordings
	Alt wie ein Baum (House Radio Mix)	Maxi-CD German Dance Recordings
	Alt wie ein Baum (Rave Club Mix)	Maxi-CD German Dance Recordings
	Alt wie ein Baum (Happy Club Mix)	Maxi-CD German Dance Recordings
	Alt wie ein Baum (Old Like A Tree)	Maxi-CD German Dance Recordings
	Alt wie ein Baum '99 (Radio-Mix)	Maxi-CD Alt wie ein Baum '99
	Alt wie ein Baum '99 (Extended-Mix)	Maxi-CD Alt wie ein Baum '99
	Alt wie ein Baum '99 (Turbo-Mix)	Maxi-CD Alt wie ein Baum '99
	Alt wie ein Baum '99 (Live-Mix)	Maxi-CD Alt wie ein Baum '99
	Altes Mädchen (Hertrampf-Solo)	LP Quaster
	Am Fluß die Weide	CD-Sampler Beatkiste 4
	An den Ufern der Nacht	CD Heiß wie Schnee/Schattenreiter
	An den Ufern der Nacht '99	CD Die großen Hits 1969 - 1999
	Auf dem Wege	CD Sturmvogel
	Auf der Fahrt	CD Neue Helden
	Auf der Oberhofer Höh' (live im »Kessel Buntes« 1977)	
	Auf der Straße in die Nacht	CD Zehn wilde Jahre
	Aufruf	CD Raritäten
	Ausgebrannt	CD Heiß wie Schnee/Schattenreiter
B	Bauernhochzeit	CD Das Buch
	Bis ans Ende der Welt	CD Heiß wie Schnee/Schattenreiter
	Bis ans Ende der Welt (instrumental)	LP Hits instrumental
	Bis ans Ende der Welt (live '84)	CD Live – 25 Jahre
	Black Night	CD Rock'n'Roll Music/ Jubiläumsalbum
	Blind geboren	LP Ohne Schmike
	Born To Be Wild	CD Rock'n'Roll Music/ Jubiläumsalbum
	Brown Eyed Handsome Man	CD Rock'n'Roll Music/Jubiläumsalbum
	But Not For Ever	CD Far From Home

	Bye Bye Love	CD Rock'n'Roll Music/ Jubiläumsalbum
	Bye, bye H'arrivederci	gleichnamige Maxi-CD
C	Computer-Karriere	CD Computer-Karriere
	Computer-Karriere (live '83)	LP Rock für den Frieden '83
	Computer-Karriere (live '84)	LP Live in Sachsen
	Computerman	CD Computer-Karriere
	Computerman (live '84)	LP Live in Sachsen
	Computerträume	CD Computer-Karriere
D	Dancin (Harry Jeske Dance Projekt)	AMIGA Quartett (EP)
	Das Buch	CD Das Buch
	Das Buch (live '84 – mit Chor)	LP Rock für den Frieden '84
	Das Buch (live '84)	CD Live – 25 Jahre
	Das Eine und das Andere (Hertrampf-Solo)	CD Puhdys Solo
	Das Märchen	CD Das Buch
	Death Of A Clown	CD Rock'n'Roll Music/Jubiläumsalbum
	Deine Worte sind stumm	CD Frei wie die Geier
	Der Angstverkäufer	CD Das Buch
	Der Außenseiter	CD Heiß wie Schnee/Schattenreiter
	Der Außenseiter (live '84)	CD Live – 25 Jahre
	Der Kastanienbaum	
	Der Sonne entgegen	CD Wie ein Engel
	Der Stier	CD Neue Helden
	Der Trinker	CD Heiß wie Schnee/Schattenreiter
	Deutschland, Deutschland	CD Zeiten ändern sich
	Die Boote der Jugend	CD Das Buch
	Die Boote der Jugend (Version...)	CD-Sampler Hier war ich Kind
	Die ganze Nacht	CD Heiß wie Schnee/Schattenreiter
	Die Kugel rollt (Hertrampf-Solo)	CD Puhdys Solo
	Die Show muß weitergehn	CD Zeiten ändern sich
	Die Sonne kennt ihren Weg	CD Puhdys (2)
	Die Wärme der Nacht	CD Das Buch
	Do You Want To Dance	CD Rock'n'Roll Music/ Jubiläumsalbum
	Doch die Gitter schweigen	CD Zehn wilde Jahre
	Doch die Gitter schweigen (live '79)	CD Live – 25 Jahre
	Doch die Gitter schweigen (Version '92)	CD-Sampler Denk ich an Deutschland
	Doch die Gitter schweigen (Instrumental-Filmmusik)	
	Donna	CD Rock'n'Roll Music/ Jubiläumsalbum
	Du braver Soldat (Maschine & Männer)	CD-Sampler Superbeatkiste 1
E	Eine frei erfundene Geschichte (Birr-Solo)	CD Puhdys Solo
	Einer geht noch rein (Jeske-Solo)	Maxi-CD Dynamo-Fieber
	Eingehängt (Birr-Solo)	CD Puhdys Solo
	Einsamkeit	CD Sturmvogel
	Ende meiner Einsamkeit (Hertrampf-Solo)	CD Puhdys Solo
	Erinnerung	CD Castle Masters Collection
	Es fällt mir schwer	CD Perlenfischer

	Es war einmal	CD Zeiten ändern sich
	Ewig leben (live '95)	CD Inflagranti
	Ewig leben (Maschine & Männer)	CD-Sampler Superbeatkiste 2
	Ewig leben (Original-Version)	Maxi-CD Ewig leben
	Ewig leben (Club-Version)	Maxi-CD Ewig leben
	Ewig leben (Party-Version)	Maxi-CD Ewig leben
F	Falk und Nachtigal	CD Zehn wilde Jahre
	Far From Home	LP Far From Home
	Feige, geil und gnadenlos	CD Frei wie die Geier
	Fern von Zuhaus	CD Heiß wie Schnee/Schattenreiter
	Finde den Weg durchs Feuer	CD Raritäten
	Flieg mit mir	CD Computer-Karriere
	Flieg, Vogel, flieg	CD Zehn wilde Jahre
	Frei wie der Wind	CD Neue Helden
	Frei wie die Geier	CD Frei wie die Geier
	Für die Muttis einen Blumenstrauß	CD Raritäten
G	Geh dem Wind nicht aus dem Wege	CD Raritäten
	Geh durch das Tor (Original-Filmmusik)	
	Geh zu ihr	CD Die Puhdys (1)
	Geh zu ihr (live '79)	CD Live – 25 Jahre
	Geh zu ihr '99	CD Die großen Hits 1969 - 1999
	Geheime Zeichen (Hertrampf-Solo)	CD Puhdys Solo
	Gentleman	CD-Sampler Super-Beatkiste 1
	Gigolo	CD Frei wie die Geier
	Gigolo (Gesang: Mario Adorf)	Promo-Single-CD
	Good Golly Miss Molly	CD Rock'n'Roll Music/ Jubiläumsalbum
	Göttin der Liebe (Birr-Solo)	CD Puhdys Solo
	Göttin der Nacht (Hertrampf-Solo)	LP-Sampler Feuerwerk
H	Halbzeit	CD Zeiten ändern sich
	Halbzeit (live '95)	CD Inflagranti
	He, John	CD Heiß wie Schnee/Schattenreiter
	He, John (Live '84)	CD Live – 25 Jahre
	Hey, wir woll'n die Eisbärn sehn	Maxi-CD He, wir woll'n die Eisbärn sehn
	Heiß wie Schnee	CD Heiß wie Schnee/Schattenreiter
	Hell Raiser	CD Castle Masters Collection
	Heut nacht	
	Herbstwind	CD Neue Helden
	High School Confidential	CD Rock'n'Roll Music/ Jubiläumsalbum
	Highway Star	CD Castle Masters Collection
	Hiroshima	CD Computer-Karriere
	Hiroshima (live '84)	CD Live – 25 Jahre
	Hören und sehen	CD Zehn wilde Jahre
	Hound Dog	CD Rock'n'Roll Music/ Jubiläumsalbum
I	I Love You (Harry Jeske Dance Projekt)	AMIGA-Quartett (EP)

	I Need Your Love Tonight	CD Rock'n'Roll Music/ Jubiläumsalbum
	I'm Gonna Love You Too	CD Rock'n'Roll Music/ Jubiläumsalbum
	Ich leb noch	CD Wie ein Engel
	Ich war mal ein Indianer	CD Zeiten ändern sich
	Ich will dich wiedersehn	CD Zeiten ändern sich
	Ich will nicht vergessen	CD Das Buch
	Ich will nicht vergessen (live '95)	CD Inflagranti
	Ich will nicht vergessen (Version '92)	CD-Sampler Denk ich an Deutschland
	Ihre Liebe war stark wie der Tod (Orig.-Filmmusik)	CD Soundtrack Paul & Paula
	Ikarus	CD Die Puhdys (1)
	Ikarus (live '79)	LP Puhdys Live
	Ikarus (Melodia-Version)	Melodia-LP
	Ikarus II	CD Zehn wilde Jahre
	Ikarus II (live '79)	LP Puhdys Live
	Im Nebelmeer	CD Heiß wie Schnee/Schattenreiter
	Intim (Birr-Solo)	CD Puhdys Solo
	Ist denn alles vorbei (Harry Jeske Dance Projekt)	AMIGA-Quartett (EP)
J	Jahreszeiten	CD Computer-Karriere
	Jenny	CD Wie ein Engel
	Jodelkuh – Lotte	CD Puhdys (2)
	Journey To The Centre Of The World	LP Far From Home
K	Kalte Tage (Hertrampf-Solo)	CD Puhdys Solo
	Karriere	CD Computer-Karriere
	Kein Paradies	CD Heiß wie Schnee/Schattenreiter
	Keine Ahnung	CD Zeiten ähndern sich
	Keine Ahnung (Demoversion)	MCD Keine Ahnung
	Keine Ahnung (live '95)	CD Inflagranti
	Keine Meile tut mir leid	CD Zeiten ändern sich
	Keinen Tag bereut	CD Frei wie die Geier
	Kinder	CD Puhdys (2)
	Kleiner Planet	CD Neue Helden
	Kleiner Planet (live 1989)	Video Die Puhdys kommen
	Königin	CD Die großen Hits 1969 - 1999
	Kommen und Gehen	CD Zeiten ändern sich
	Kranich und Schwan (Original-Filmmusik)	
	Kühle Lady (live)	CD Inflagranti
L	Lachen und schweigen	CD Sturmvogel
	Langstreckenlauf	CD Puhdys (2)
	Langstreckenlauf (Melodia-Version)	Melodia-LP
	Laß das	CD Zeiten ändern sich
	Laß mich wie ich bin	CD Frei wie die Geier
	Laß uns den Rest bewahren (Gesang: Maschine)	CD Frei wie die Geier
	Laß uns den Rest bewahren (Gesang: Quaster)	CD Frei wie die Geier
	Leben ist kurz	CD Neue Helden
	Leben ist kurz (live '95)	CD Inflagranti
	Leben ist so oder so (1)	CD Wie ein Engel

	Leben ist so oder so (2)	CD Wie ein Engel
	Leben ist so oder so (live '95)	CD Inflagranti
	Lebenszeit	CD Sturmvogel
	Lebenszeit (live '79)	CD Live – 25 Jahre
	Lebenszeit (Melodia-Version)	Melodia-LP
	Lebenszeit-Werbesong (Eschenbach-Küchen)	
	Lebenszeit '94	CD Die großen Hits 1969 - 1999
	Leck mich am Arsch	CD Frei wie die Geier
	Leere Hände	CD Frei wie die Geier
	Leidenschaft (Harry Jeske Dance Projekt)	AMIGA Quartett (EP)
	Lichtermeer	CD Neue Helden
	Liebe auf den ersten Ton	LP Ohne Schminke
	Liebe pur (Hertrampf-Solo)	CD Puhdys Solo
	Liebesfantasie (Birr-Solo)	CD Puhdys Solo
	Lied für Anja	CD Heiß wie Schnee/Schattenreiter
	Lied für Anja (live '95)	CD Inflagranti
	Lied für einen Fan	LP Ohne Schminke
	Lied für Generationen	CD Puhdys (2)
	Lied für Generationen (live '79)	LP Puhdys Live
	Light My Fire	CD Rock'n'Roll Music/ Jubiläumsalbum
	Lolita (live '84)	CD Live – 25 Jahre
	Long Tall Sally/Party/Rock And Roll Music (live '79)	LP Puhdys live
	Long Tall Sally/Party/Rock'n'Roll Music	CD Rock'n'Roll Music
	Lovedreams	CD Raritäten
M	Mädchen aus Amsterdam (Birr-Solo)	CD Puhdys Solo
	Magisches Licht (Dieter Birr)	CD Liedervereinigung
	Make Love Not War	LP Far From Home
	Manchmal im Schlaf	CD Puhdys (2)
	Manchmal im Schlaf (Melodia-Version)	Melodia-LP
	Mann im Mond	CD Die Puhdys (1)
	Männlichkeit	CD Heiß wie Schnee/Schattenreiter
	Marathon (dt.)	CD Heiß wie Schnee/Schattenreiter
	Marathon (engl.)	LP Far From Home
	Marathon (live '84	LP Live in Sachsen
	Mean Woman Blues	CD Rock'n'Roll Music
	Medley 15 Jahre Puhdys (live)	CD Das Beste aus 25 Jahren
	Mein Elixier	CD Zeiten ändern sich
	Mein Gott (Hertrampf-Solo)	CD Puhdys Solo
	Melanie (dt.)	CD Heiß wie Schnee/Schattenreiter
	Melanie (engl.)	LP Far From Home
	Melanie (instrumental)	LP Hits instrumental
	Melanie (live '84)	LP Live in Sachsen
	Mephisto	CD Perlenfischer
	Mephisto (live)	
	Morgengrauen	CD Wie ein Engel
N	Napoleon	CD Zehn wilde Jahre
	Nein	CD Wie ein Engel
	Nein (live '89)	Video Die Puhdys kommen

	Neue Helden	CD Neue Helden
	Neue Helden (live '95)	CD Inflagranti
	1984	CD Das Buch
	Nie wieder werde ich weinen um dich	CD Heiß wie Schnee/Schattenreiter
	Niemand wird so wieder werden	CD Das Buch
	Nirvana (Live)	CD Inflagranti
	November im Mai	CD Frei wie die Geier
O	Ohne Schminke	CD Golden Stars
P	Paint It Black	CD Rock'n'Roll Music/ Jubiläumsalbum
	Perlenfischer	CD Perlenfischer
	Perlenfischer (Melodia-Version)	Melodia-LP
	Perlenfischer (live '79)	CD Live – 25 Jahre
	Poor Boy	CD Rock'n'Roll Music/ Jubiläumsalbum
	Prinzenjagd (Birr-Solo)	CD Puhdys Solo
	Prison Walls Are Silent	LP Far From Home
	Puppenmutti	LP Ohne Schminke
R	Reise zum Mittelpunkt der Erde	CD Sturmvogel
	Reise zum Mittelpunkt der Erde (Melodia-Version)	Melodia-LP
	Reise zum Mittelpunkt der Erde (live '79)	LP Puhdys Live
	Rock'n'Roll	CD Rock'n'Roll Music/ Jubiläumsalbum
	Rock'n'Roll Ballerina (Hertrampf-Solo)	CD Puhdys Solo
	Rock'n'Roll ist mein Begleiter	CD Das Beste aus 25 Jahren
	Rockerrente	CD Das Buch
	Rockerrente (live '84)	CD Live – 25 Jahre
S	Säbeltanz	CD Raritäten
	Schattenreiter	CD Heiß wie Schnee/Schattenreiter
	Schattenreiter (live '84)	LP Live in Sachsen
	Scheidung	CD Puhdys (2)
	Schieß mich ab	CD Die großen Hits 1969 - 1999
	Schlaf mit mir	CD Das Buch
	Schlaf mit mir (live '89)	Video Die Puhdys kommen
	Schlafe ein und fang die Träume	CD Sturmvogel
	Schöpfung	CD Computer-Karriere
	Schwarz und weiß	CD Wie ein Engel
	Sehnsucht	CD Computer-Karriere
	Sehnsucht (Version 1996)	CD Inflagranti
	Seih mir nah	CD Perlenfischer
	Sheila	CD Rock'n'Roll Music/ Jubiläumsalbum
	Siebenschläfer (Birr-Solo)	CD Puhdys Solo
	Skinny Minny (live)	
	So ist das Leben (Birr-Solo)	CD Puhdys Solo
	So nah (Hertrampf-Solo)	CD Puhdys Solo
	So nah am Leben, nah am Tod	CD Zehn wilde Jahre
	So weit die Füße tragen	CD Wie ein Engel
	So wie früher	CD Wie ein Engel

	Sommernacht	CD Die Puhdys (1)
	Song For Generations	bisher nur auf AMIGA-Promo-Single
	Sonntagsfahrer	CD Puhdys (2)
	Spiel zu zweit	CD Puhdys (2)
	Spuren der Nacht	CD Perlenfischer
	Steh auf und lauf	CD Frei wie die Geier
	Steige nicht auf einen Baum	CD Raritäten
	Steine	CD Puhdys (2)
	Steine (live)	
	Sterne verspäten sich nie	CD Perlenfischer
	Sterne verspäten sich nie (live '79)	LP Puhdys Live
	Stones	bisher nur auf AMIGA-Promo-Single
	Stop, Baby, stop	CD Computer-Karriere
	Sturmvogel	CD Sturmvogel
	Sturmvogel (Melodia-Version)	Melodia-LP
	Sturmvogel (live '79)	LP Puhdys Live
	Süden	CD Die großen Hits 1969 - 1999
	Summertime Blues	CD Rock'n'Roll Music/ Jubiläumsalbum
	Sunshine Of Your Love	CD Rock'n'Roll Music/ Jubiläumsalbum
	Susi Baby Twist (Birr)	CD Raritäten
T	Tallahassee Lassie	CD Rock'n'Roll Music
	Tallahassee Lassie (live '79)	LP Puhdys Live
	Tanz mit mir	LP Ohne Schminke
	Tau mich auf	CD Frei wie die Geier
	Tausend Meilen von Zuhaus	CD Zehn wilde Jahre
	Teenage Wasteland	CD Rock'n'Roll Music/ Jubiläumsalbum
	The Lady in Black	CD Rock'n'Roll Music/ Jubiläumsalbum
	The Time I've Cried Over You	LP Far From Home
	Tränen und Diamanten	CD Wie ein Engel
	Traumschifftramp	LP Ohne Schminke
	Türen öffnen sich zur Stadt	CD Die Puhdys (1)
	Türen öffnen sich zur Stadt (Melodia-Version)	Melodia-LP
	Türen öffnen sich zur Stadt '99	CD Die großen Hits 1969 - 1999
	Tutti Frutti	CD Rock'n'Roll Music/ Jubiläumsalbum
	TV-Show	CD Computer-Karriere
	TV-Show (live '84)	LP Live in Sachsen
U	Und sie trinken ihr Bier (Birr-Solo)	CD Puhdys Solo
	Unser Kind (Birr-Solo)	CD Puhdys Solo
	Unser Lied ist euer Schrei	CD Raritäten
	Untermiete	CD Sturmvogel
V	Vergiß es	CD Frei wie die Geier
	Vineta	CD Die Puhdys (1)
	Vögel aus Blei (Hertrampf-Solo)	CD Puhdys Solo
	Vögel werden singen (Original-Filmmusik	

	Von der Liebe ein Lied	CD Die Puhdys (1)
	Von der Liebe ein Lied (Original-Filmmusik)	CD Soundtrack Paul & Paula
	Vorn ist das Licht	CD Die Puhdys (1)
W	Wäre ich ein Regen	
	Was bleibt	CD Wie ein Engel
	Was bleibt (live '95)	CD Inflagranti
	Was bleibt '99	CD Die großen Hits 1969 - 1999
	Was gut ist setzt sich durch	CD Inflagranti
	Was gut ist setzt sich durch – Berliner Pilsner Song	CD Was gut ist setzt sich durch
	Was gut ist setzt sich durch – Das wichtige im Leben	Werbespot
	Was gut ist setzt sich durch – Fußball	Werbespot
	Was gut ist setzt sich durch – Hausbau	Werbespot
	Was gut ist setzt sich durch – Rendezvous	Werbespot
	Was gut ist setzt sich durch (mit weiblicher Unterstützung)	
	Was vom Leben bleibt	CD Heiß wie Schnee/Schattenreiter
	Was vom Leben bleibt (live '82)	LP Rock für den Frieden '82
	Was vom Leben bleibt (live '84)	LP Live in Sachsen
	Wasser und Wein	CD Heiß wie Schnee/Schattenreiter
	Weit, so weit	CD Heiß wie Schnee/Schattenreiter
	Wenn ein Mensch lebt	CD Die Puhdys (1)
	Wenn ein Mensch lebt (live '79)	CD Live – 25 Jahre
	Wenn ein Mensch lebt (live '95)	CD Inflagranti
	Wenn ein Mensch lebt (Version '92)	CD Wie ein Engel
	Wenn ein Mensch lebt '99	CD Die großen Hits 1969 - 1999
	Wenn Träume sterben	CD Perlenfischer
	Wenn Träume sterben (Melodia-Version)	Melodia-LP
	Wenn Träume sterben '99	CD Die großen Hits 1969 - 1999
	Who'll Stop The Rain	CD Rock'n'Roll Music/ Jubiläums-album
	Wie ein Engel	CD Wie ein Engel
	Wie ein Engel (live '95)	CD Inflagranti
	Wie ein Pfeil (Long-Version)	CD Raritäten
	Wie ein Pfeil (LP-Fassung)	LP Alt wie ein Baum (BRD)
	Wie ein Pfeil (Single-Version)	gleichnamige AMIGA-Single
	Wiedersehn	AMIGA-Single, B-Seite von. Kein Paradies
	Wieviel Liebe	LP Ohne Schminke
	Wilde Jahre	CD Perlenfischer
	Wilde Jahre (live '79)	CD Live – 25 Jahre
	Wir haben immer nur gewartet	CD Raritäten
	Wir laufen dem Glück hinterher	CD Zeiten ändern sich
	Wir sind allein	CD Neue Helden
	With A Little Help From My Friends	MCD Keine Meile tut mir leid
	Wüsten-Psalm	CD Neue Helden
Z	Zeiten ändern sich	CD Zeiten ändern sich
	Zeiten ändern sich (live '95)	CD Inflagranti
	Zeiten und Weiten	CD Die Puhdys (1)
	Zeiten und Weiten (Melodia-Version)	Melodia-LP
	Zeiten und Weiten (live '72)	LP hallo 9

Puhdys-Bücher

Lebenszeit – Ein Puhdys-Portrait. Monika Fehlberg, 1979, VEB Lied der Zeit, Musikverlag, Berlin

Lebenszeit – Ein Puhdys-Portrait, Monika Fehlberg, 1982, VEB Lied der Zeit, Musikverlag, Berlin (veränderte und erweiterte Auflage)

Die Puhdys – Ein Bildband. Volker Ettelt/Wolfgang Tilgner, 1983, VEB Lied der Zeit, Musikverlag, Berlin

Puhdys – Ihre Erfolge, Ihre Karriere, Discographie. Michael Kramer 1985, Eigenvertrieb

Kristina Wolf: Wenn Träume sterben – Puhdys zwischen Vision und Realität. 1993, Selbstverlag

Puhdys – Eine Kultband aus dem Osten. Irmela Hannover/Peter Wicke (Hrsg.), 1994, Elefanten Press

Harry Jeske: Mein wildes Leben und die Puhdys, 1997, Ullstein

Der Autor:

Uwe Beyer wurde 1956 in Magdeburg geboren. Ab dem elften Lebensjahr begann er sich für die damalige »Beat-Musik« zu interessieren. Er verfolgte zunehmend die Entwicklung der nationalen und internationalen Musikszene. Besonders beeindruckte den Autor die Entwicklung der nationalen Musikszene in der DDR unter den damaligen schwierigen Bedingungen. Interessant für den Autor war, daß diese Musik mit deutschen Texten vorgetragen wurde. Dies veranlaßte ihn, sich zunehmend mit dieser Musik auseinanderzusetzen. Er verschaffte sich Übersichten, sammelte entsprechende Beiträge in Zeitschriften, besorgte sich die jeweilligten Platten und baute sich eine umfangreiche Sammlung über die Musikszene der DDR auf. Daß er dabei nicht um die Puhdys herumkam, versteht sich von selbst.

Gerade die Puhdys haben auch heute ihre Publikumswirksamkeit nicht verloren – wie der Autor immer wieder bei Veranstaltungen feststellen konnte. Dies veranlaßte ihn unter anderem, mit dem vorliegenden Buch seinen Beitrag zum 30. Jubiläum der Puhdys zu leisten. Seit 1990 führt der Autor ein Musikfachgeschäft, das speziell auf den Verkauf und als »Ostrockversand« auf den Vertrieb von Musik aus der DDR und den neuen Bundesländern ausgerichtet ist.

Impressum

30 Jahre Puhdys: Alt wie ein Baum. Die vollständige Puhdys-Diskografie
Alle Platten, LPs, CDs aus 30 Jahren Bandgeschichte. Von Uwe Beyer
ISBN 3-89602-187-7. Originalausgabe

Druck AIT Norwegen. Printed in Europe.

Wir senden Ihnen gern unseren kostenlosen Katalog. Schreiben Sie an:
Schwarzkopf & Schwarzkopf Verlag GmbH / Abt. Service, Kastanienallee 32, 10435 Berlin.